Pilze

Pilze

Autor
Dr. Derek Reid

Illustrationen
Bernard Robinson

Deutscher Text
Maria Häusler

Genehmigte Sonderausgabe für den Buch + Zeit Verlag, Köln
ISBN 3-8166-0435-8

Inhalt

Einführung

Wenn der botanisch ungeschulte Laie von Pilzen spricht, meint er damit im allgemeinen die giftigen und ungiftigen Vertreter der höher entwickelten Pilze. In der Botanik faßt man jedoch unter dem Sammelnamen › Pilze ‹ die höheren und niederen Arten zusammen. Bei vielen niederen Pilzen, zum Beispiel den **Hefepilzen,** ist der Fruchtkörper mit bloßem Auge nicht zu erkennen. Die in diesem Buch behandelten höheren Pilze weisen dagegen eine große, für jedermann sichtbare Formenvielfalt auf. Wir finden sie als **Krusten** auf Holz, als **Konsolen, korallenartige Büschel,** einfache **Keulen, sternförmige** und **blumenkohlartige Gebilde** oder als Fruchtkörper mit **zentralem** oder **seitlichem** Stiel. Die Unterseite kann **glatt** sein oder **Stacheln, Poren** oder **Lamellen** aufweisen. Die Fruchtkörper können **holzig, lederartig, fleischig** oder **gallertartig** sein. Ihre Oberfläche ist glatt, samtig, haarig oder schuppig, trocken oder schleimig. Es gibt eine Reihe von Merkmalen, die die Pilze von den übrigen Pflanzen unterscheiden. Als chlorophyllfreie Organismen können sie nicht durch Photosynthese eigene Kohlenhydrate herstellen. Außerdem bestehen alle Pilze aus Hyphen, die deutlich verschieden sind von den Zellen, den Grundbausteinen der übrigen Pflanzen. Die Pilze unterscheiden sich auch in der Fortpflanzung von den übrigen Pflanzen. Sie vermehren sich nämlich durch winzige, nur unter dem Mikroskop erkennbare Sporen, die auf oder in für jede Gattung charakteristischen Organen gebildet werden.

Die Lebensweise der Pilze

Was wir von einem Pilz sehen, ist nur sein **Fruchtkörper,** der auf einem weiten Netz von **Hyphen** (Fäden) wächst und von diesen mit Nährstoffen versorgt wird. Die meisten Pilze ernähren sich durch die **Aufspaltung** pflanzlicher oder tierischer Stoffe und wachsen dort, wo diese besonders reichlich vorkommen. Sie sind daher häufig auf humusreichem Waldboden zu finden, aber auch auf Holz, Erde oder Mist, auf Weiden, Heiden, Sanddünen oder Bergen. Ihr spinnwebartiges Hyphengeflecht, das **Myzel,** breitet sich auf Waldboden zwischen vermodernden Pflanzen aus. Einige Pilze leben **parasitisch,** in manchen Fällen sogar auf anderen fleischigen Pilzen. Bei solchen Arten ist das Myzel (– die Betonung liegt auf dem e –) in das Gewebe des Wirtspilzes eingedrungen.

Hexenringe

Ein sogenannter **Hexenring** entsteht, wenn ein Myzel sich, von einem einzigen Keimpunkt ausgehend, kreisförmig nach allen Seiten hin aus-

Tintlinge heben ihre feucht glänzenden Kappen aus dem Waldboden.

breitet. Innerhalb des Rings trocknet der Boden aus, da das unterirdisch dahinkriechende Myzel die Nährstoffe im Boden verbraucht. Die konzentrisch vordringenden Hyphenspitzen sondern aber Enzyme ab, die den Humus im Boden in Nitrite und Nitrate spalten. Das Gras in der unmittelbaren inneren und äußeren Umgebung des Ringrandes wird dadurch regelrecht gedüngt und wächst nun besonders üppig. Dazwischen liegt ein schmaler Streifen, der völlig kahl oder nur spärlich mit Gras bewachsen ist. Die Fasern des Myzels verstopfen nämlich die Poren im Boden, und das Wasser kann sich nicht mehr genügend verteilen. Hier werden also zwar die Fruchtkörper der Pilze gebildet, doch wirkt der Boden relativ stark ausgetrocknet. Ein typischer Hexenring besteht also hinsichtlich seiner Bodenbeschaffenheit aus zwei grasbewachsenen Zonen mit einem kahlen Bereich dazwischen. Der **Nelkenschwindling** *(Marasmius oreades)* ist der Blätterpilz, der am häufigsten auf Wiesen Hexenringe bildet. Aber auch viele andere Arten bilden Hexenringe, wie zum Beispiel der **Wiesenchampignon** *(Agaricus campestris)*.

Entwicklung des Fruchtkörpers

Sobald sich ein Myzel gebildet hat, wächst es weiter und sammelt dabei die zur Bildung des Fruchtkörpers notwendigen Nährstoffe an. So entstehen bei den **Amanita**-Arten an bestimmten Stellen dichte Faserknoten, die sich dann jeweils zu knopfartigen Fruchtkörpern entwickeln.

Ein Längsschnitt zeigt, daß ein solcher ›**Knopf**‹ aus einem winzigen **Hut** mit einem **Stiel** und mit **Lamellen** auf der Unterseite besteht. Nun ist auch zu erkennen, daß die Lamellen ganz von einer Haut bedeckt sind, die vom Bereich der Stielspitze bis zum Rand des jungen Pilzhutes reicht; man nennt sie das **Velum partiale.** Ebenso ist zu erkennen, daß der ganze sich entwickelnde Fruchtkörper von einer weiteren Haut, dem **Velum universale,** umhüllt ist.

Mit dem Wachstum des jungen Fruchtkörpers streckt sich auch der Stiel, der den Hut nach oben schiebt, bis das Velum universale durch den Druck reißt. Der Hut gleitet durch eine klebrige oder faserige Hülle hindurch. Das Velum universale bleibt dann als sackartige Scheide – die **Volva** – an der Basis des Stiels zurück. Wenn die Hülle eine feinkörnige Struktur hat, bleibt ein Teil auch noch in mehligen Fetzen auf der Hutoberfläche hängen. Der Rest bildet die bereits erwähnte Volva an der Basis des Stiels. Diese Volva kann auch bis auf eine oder mehrere Reihen unauffälliger Schuppen zurückgebildet sein.

Während der Stiel weiterwächst, wird auch der Hut größer. Dabei dehnt sich das verbliebene Velum universale und zerreißt schließlich zu Warzen oder mehligen Schuppen, die zum Rand hin spärlicher werden. Gleichzeitig dehnt sich auch das Velum partiale, das die jungen Lamellen schützt. Es reißt schließlich am Hutrand ab und bleibt als **Ring** oder **Anulus** am Stiel zurück. Bei einigen Gattungen, zum Beispiel bei den **Schirmlingen** *(Lepiota)* ist ein Velum partiale, aber kein Velum universale vorhanden.

In diesem Fall haben die reifen Fruchtkörper also einen Ring, aber keine Volva. Das Velum partiale kann **hautartig** sein, wie bei der Gattung *Le-*

piota, oder **spinnwebartig,** wie bei der Gattung *Cortinarius,* wo es auch **Cortina** genannt wird. Wenn die Cortina gerissen ist, hängt sie in feinsten Fasern am Stiel, die oft erst dann deutlicher zu sehen sind, wenn Sporen daran haften. Wieder andere Gattungen zeigen weder ein Velum partiale noch ein Velum universale, und ihren Fruchtkörpern fehlen Ring und Volva.

Fortpflanzung

Die Sporen, die den Samen der Blütenpflanzen entsprechen, werden auf der Oberfläche der Lamellen an den sogenannten **Basidien** gebildet. Bei den **Konsolenpilzen** liegen diese Basidien an der Innenseite der Röhren, deren Öffnungen die Unterseite porig erscheinen lassen. Bei den **Stachelpilzen** befinden sich die Basidien auf den Stacheln und bei den **Schichtpilzen** an der glatten Unterseite der Konsolen. Jede Art hat Sporen von charakteristischer, unveränderlicher Größe, Form und Farbe. Diese Merkmale sind bei der Pilzbestimmung von großer Bedeutung.

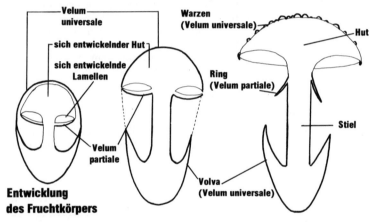

Sobald die Sporen reif sind, werden sie weggeschleudert oder sie fallen von selbst aus den Lamellen oder Poren. Sie werden dann vom Wind verbreitet. Treffen sie dabei auf geeigneten Boden, so beginnen sie zu keimen. Jede Spore bildet nun ein neues Myzel, das mit einem zweiten Myzel derselben Art verschmelzen muß, damit daraus ein Fruchtkörper entstehen kann. Findet das Myzel ausreichend Nahrung sowie geeignete Temperatur-, Feuchtigkeits- und Lichtbedingungen, so kann sich ein Fruchtkörper entwickeln.

Die Tatsache, daß zur Bildung eines Fruchtkörpers ein Myzel mit einem zweiten verschmelzen muß, erklärt auch, warum sich exotische Arten unter natürlichen Bedingungen so selten über einen bestimmten Kontinent hinaus verbreiten. Dazu müßte der Wind die Sporen einer bestimmten Art näher als einen Zentimeter zueinander bringen; beide mußten keimen, verschmelzen und schließlich die geeigneten klimatischen Bedingungen antreffen.

Die wirtschaftliche Bedeutung der Pilze

Pilze sind von enormer wirtschaftlicher Bedeutung. Einige Arten leben als **Parasiten** auf anderen Pflanzen und verursachen in der Forst- und Landwirtschaft beträchtliche Schäden. Der **Wurzelschwamm** *(Heterobasidion annosum)*, ein Konsolenpilz, ist für eine der schlimmsten Krankheiten unserer Nadelbäume verantwortlich, und der **Hallimasch** *(Armillariella mellea)* bringt jedes Jahr viele Laub- und Nadelbäume zum Absterben. Auch in Gärten können oft keine Holzgewächse mehr angepflanzt werden, sobald es einmal zu einem Befall durch den Hallimasch gekommen ist. Der Schaden, den diese Parasiten der Forstwirtschaft zufügen, wird durch andere Arten wieder ausgeglichen, die mit den Baumwurzeln sogenannte **Mykorrhizen** (griech. = Pilzwurzeln) bilden. Solche Wurzeln fördern das Wachstum der Bäume, da sie die Nährstoffe aus dem Boden besser aufnehmen können. Die Fasern des Pilzes durchdringen die Wurzelzellen, ohne sie zu verletzen, und versorgen den Baum so mit den aus dem Boden aufgenommenen Nährstoffen. Gleichzeitig werden auch dem Pilz verschiedene, von dem Baum gebildete Stoffe zugeführt. Diese Beziehung ist daher von beiderseitigem Nutzen. Sie ist jedoch auch von wirtschaftlicher Bedeutung, da man in neu erschlossenen Gebieten nur dann Baumschonungen anlegen kann, wenn man weiß, daß hier der entsprechende, das Wachstum der Bäume fördernde Pilz vorkommt.

Pilze als Nahrung

Die einzige sichere Methode ist, mit einem Pilzkenner auf Suche zu gehen, der die eßbaren Arten sicher bestimmen kann. **Arten mit weißen Sporen sowie einem Ring und einer sackartigen Volva sind generell zu meiden.** Wenn Sie glauben, einen eßbaren **Wiesen-** oder **Anis-Champignon** *(Agaricus campestris* oder *A. arvensis)* gefunden zu haben, sollten Sie nachsehen, ob die Sporen rötlich-schwarz sind und ob der Stiel einen Ring

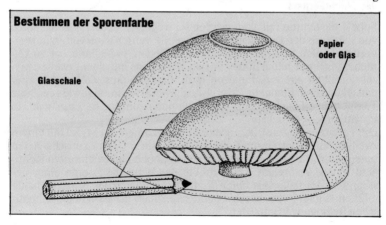

Bestimmen der Sporenfarbe

Papier oder Glas

Glasschale

Der Lamellenansatz und die Form des Fruchtkörpers

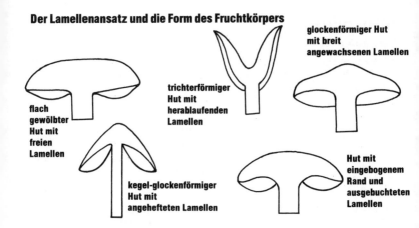

glockenförmiger Hut mit breit angewachsenen Lamellen

flach gewölbter Hut mit freien Lamellen

trichterförmiger Hut mit herablaufenden Lamellen

kegel-glockenförmiger Hut mit angehefteten Lamellen

Hut mit eingebogenem Rand und ausgebuchteten Lamellen

trägt. Kratzen Sie die Basis des Stiels und den Hut leicht an; **nehmen Sie auf keinen Fall Fruchtkörper, die sich bei Verletzung gelb verfärben.** Tragen Sie die gesammelten Pilze in einem flachen, offenen Korb. Geben Sie dabei jede Art gesondert in eine Papiertüte. Heben Sie die Pilze immer mit einem Messer aus dem Boden, damit die Überreste der Volva an der Basis des Stiels nicht verlorengehen. **Schließlich sollten Sie besonders darauf achten, auf oder unter welchem Baum der Pilz wächst, da dies ein wichtiges Bestimmungsmerkmal ist.**

Wenn Sie einen Blätterpilz bestimmen wollen, müssen Sie zuerst die Farbe des Sporenstaubs feststellen. Dazu schneiden Sie den Stiel möglichst nahe unterm Hut ab und legen den Hut (Lamellen nach unten) für 12 bis 24 Stunden unter eine Ton- oder Glasschale auf ein Stück Papier, besser noch auf eine Glasplatte. Hüte mit weißen Lamellen legt man am besten auf schwarzes Papier, Hüte mit farbigen Lamellen auf weißes Papier. Der Belag von abgeworfenen Sporen zeigt dann genau die Anordnung der Lamellen. Oft muß man einen Bleistift unter den Schalenrand schieben, damit der Sporenabwurf nicht durch unerwünschte Feuchtigkeit beeinträchtigt wird. Der Sporenbelag kann weiß (manchmal blaßgelb oder schwachrosa), bräunlich-rosa, braun, purpurrot oder schwarz sein und läßt sich mit Haarspray fixieren. Sobald die Farbe der Sporen bestimmt haben, schlagen Sie den Teil des Buches auf, der die entsprechende Pilzgruppe mit der eben bestimmten Sporenfarbe behandelt.

Um einen Pilz der Ordnung **Blätterpilze** *(Agaricales)* der richtigen Gattung zuordnen zu können, muß man zunächst den Lamellenansatz am Stiel untersuchen. Der Lamellenansatz wird dabei mit einer Reihe von Begriffen charakterisiert. Es gibt **freie** Lamellen, am Stiel **herablaufende** Lamellen wie bei vielen trichterförmigen Fruchtkörpern, **breit angewachsene** Lamellen und solche, die etwas weniger breit **angeheftet** sind. **Ausgebuchtete** Lamellen sind an der Stelle, wo sie in den Stiel übergehen, eingekerbt.

13

Blätterpilze

(Agaricales)

Blätterpilze sind fleischige Pilze mit Lamellen. Sie wachsen auf Weiden oder Waldboden, auf Mist, Bäumen oder vermoderndem Holz. Der Stiel kann von einem Ring oder einem auffälligen Band von Fasern umgeben sein und an seiner Basis eine sackartige Scheide aufweisen.

Amanita

Eine Gattung mit etwa 25 Arten, die alle weiße Sporen, eine Volva an der Basis des Stiels und normalerweise, aber nicht immer, einen hautartigen Ring besitzen. Die Volva ist entweder auffällig und sackartig oder bis auf einen schmalen Rand oder konzentrische Schuppenringe verkümmert. Der Hut ist oft bedeckt mit auffälligen Warzen, flachen Gewebekrusten oder weißlichen Schuppen, die aber leicht abgewischt werden können. **Einige Arten der Gattung Amanita gehören zu den giftigsten bekannten Blätterpilzen.**

Grüner Knollenblätterpilz

(Amanita phalloides)

Hut: 6–9 cm breit, gewölbt, dann flachgewölbt; Farbe variierend von olivgrün in der Mitte bis gelbgrün gegen den glatten Rand. Die Oberfläche weist feine, strahlenförmig verlaufende Rillen auf; normalerweise ohne Warzen oder Schuppen.
Stiel: 7–9 cm hoch; 1–1,5 cm dick; weiß, zylindrisch oder nach oben zu dünner; an der Basis deutlich erkennbare, offen abstehende, weiße sackartige Volva.
Ring: hoch angesetzt; weiß.
Lamellen: weiß, frei.
Geruch: bei alten Pilzen unangenehm, widerlich.
Sporen: weiß.
Standort: im Herbst in Laubwäldern. besonders unter Buchen und Eichen. Häufig. **GIFTIG,** meist tödlich.
Die für diesen tödlichen Pilz typischen Merkmale sind der gerillte grünliche Hut, die sackartige Volva, der Ring und der weiße Sporenstaub.

Grüner Knollenblätterpilz

Gelber Knollenblätterpilz

14

Fliegenpilz

Gelber Knollenblätterpilz

(Amanita citrina, syn. A. mappa)

Hut: 6–8 cm breit, gewölbt, dann flach; blaßgelb bis schwach zitronengelb; auf der Oberseite ein paar große oder mehrere kleine, dicke, flache, weißliche bis bräunliche Flecken von den Hüllresten.
Stiel: 8–11 cm hoch, 1–2 cm dick, relativ lang; weiß, zylindrisch; an der Basis auffallende, bis zu 3 cm dicke Knolle mit scharfem Rand.
Ring: hoch angesetzt, weiß.
Lamellen: weiß bis blaßgelb.
Geruch: nach rohen Kartoffeln.
Sporen: weiß.
Standort: im Herbst in Laub- und Nadelwäldern. Sehr häufig. Früher oft mit dem Grünen Knollenblätterpilz verwechselt und für giftig gehalten, in Wirklichkeit aber ungefährlich.
A. citrina ist durch die Hutfarbe und die fehlende sackartige Volva leicht von *A. phalloides* zu unterscheiden.

Fliegenpilz

(Amanita muscaria)

Hut: bis zu 15 cm breit, gewölbt, dann ausgebreitet mit leichter Vertiefung in der Mitte; scharlachrot mit weißen Warzen, die gegen den gerieften Rand hin spärlicher werden. Später verschwinden die Warzen allmählich oder fehlen völlig. Die Hutfarbe verblaßt oft bis ins Orangerote. Der ganz junge, noch knopfförmige Pilz ist in das dicke, weiße Velum eingehüllt, das schließlich zu Schuppen zerreißt. Während sich der Hut weiter entfaltet, wird immer mehr von der roten Oberfläche sichtbar.
Stiel: bis zu 20 cm hoch, 3 cm dick, weiß, nach oben zu hellgelb, zylindrisch und brüchig, leicht verdickte Basis mit mehreren Gürteln weißer Warzen, den Überresten der Volva.
Ring: hoch angesetzt, weiß bis sehr hellgelb.
Lamellen: weiß, frei.
Standort: im Herbst unter Birken, aber auch in Nadelwäldern. Häufig. **GIFTIG**, aber selten tödlich.

15

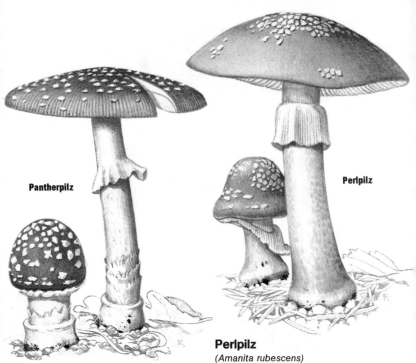

Pantherpilz

Perlpilz

Perlpilz

(Amanita rubescens)

Hut: 8–12 cm breit, zuerst glockig, dann gewölbt, schließlich ausgebreitet mit leichter Vertiefung in der Mitte; Farbe variierend von schwach rosabräunlich mit dunklerer rotbrauner Mitte bis völlig rotbraun; mit dünnen mehligen Flecken bedeckt, den Überresten der weißlichen oder blaßgrauen Volva, die bei älteren Pilzen im allgemeinen verschwinden.

Stiel: 8–11 cm hoch, 2,5–3,5 cm dick, gedrungen und kräftig, zylindrisch mit leicht verdickter Basis; weißlich, nach unten zu schwach rosabräunlich, besonders an Druckstellen. Die Volva ist bis auf unauffällige, konzentrische Schuppenringe verkümmert.

Ring: hoch angesetzt; weiß.

Lamellen: weiß, bei älteren Pilzen oft rötlich gesprenkelt.

Fleisch: weiß; an Schnittstellen und in Madengängen rötlich verfärbend.

Sporen: weiß.

Standort: im Spätsommer und Herbst in Laub- und Nadelwäldern. Gehört zu den bereits früh im Jahr auftretenden Pilzen. Sehr häufig. Eßbar, aber leicht zu verwechseln mit giftigen Arten. Daher ist besondere Vorsicht geboten. **ROH GIFTIG.**

Pantherpilz

(Amanita pantherina)

Hut: 6–8 cm breit, gewölbt, dann flach; dunkelgraubraun bis olivbraun, manchmal heller und eher gelbbraun, von zahlreichen, gleichmäßig verteilten, kleinen, weißen, eckigen Warzen bedeckt; Rand leicht gerieft.

Stiel: 7–10 cm hoch, 1–1,5 cm dick, weiß, ziemlich lang, zylindrisch, an der Basis leicht verdickt; die Volva reißt hier in konzentrische Ringe auf; der oberste Ring bildet einen schmalen, eng anliegenden, aber freien Wulst.

Ring: um die Stielmitte, weiß.

Lamellen: weiß, frei.

Fleisch: weiß; mit Kalilauge beträufelt wird es unter der Oberhaut des Hutes orangegelb.

Sporen: weiß.

Standort: im Herbst in Laub- und Nadelwäldern. Selten. **GIFTIG.** Zu erkennen an dem braunen Hut mit den zahlreichen kleinen, auffallend weißen, eckigen Schuppen, dem gerieften Hutrand und der manschettenartigen Volva.

Gedrungener Wulstling

(Amanita excelsa, syn. A. spissa)

Hut: 9–12 cm breit, gewölbt, ausgebreitet, dann in der Mitte vertieft; gräulich bis erdbraun mit dünnen, grauweißen, mehligen Hautschuppen, die später verschwinden; Rand glatt.

Stiel: 8–10 cm hoch, 2–2,5 cm dick, oft recht gedrungen, weiß, zylindrisch; knollige Basis mit konzentrischen Schuppenringen anstelle der Volva; die obersten Schuppen bilden gelegentlich einen ausgeprägten Wulst.

Ring: hoch angesetzt, weiß.

Lamellen: weiß.

Sporen: weiß.

Standort: im Herbst recht häufig in Laub- und Nadelwäldern. Eßbar, aber leicht zu verwechseln mit *A. pantherina,* die aber durch die weißen, eckigen Warzen auf dem Hut (mit gerieftem Rand) und den wulstartigen Rand der Schuppen an der Basis des Stiels gekennzeichnet ist. *A. rubescens* ist anders gefärbt. Außerdem wird der Stiel innen und außen rot.

Gelbbräunlicher Scheidenstreifling

(Amanita fulva, syn. Amanitopsis fulva)

Hut: 3,5–5 cm breit, bleibt noch lange eiförmig, dann glockig, später ausgebreitet, aber oft mit einem Buckel in der Mitte, leuchtend gelbbräunlich, in der Mitte oft dunkler, kahl. Rand gerieft, gefurcht oder gerillt.

Stiel: bis zu 11 cm hoch, 1 cm dick, schlank, zerbrechlich, hohl, zylindrisch, blaßorangebraun mit gut ausgebildeter, sackartiger Volva in der Farbe des Stiels, die oft an der leicht verdickten Basis haftet.

Ring: fehlt.

Lamellen: weiß, frei.

Sporen: weiß.

Standort: von Spätsommer bis Herbst in Laub- und Nadelwäldern. Gehört zu den schon sehr früh im Jahr auftretenden Pilzen. Sehr häufig. Eßbar.

Der orangebraune Scheidenstreifling *(A. crocea),* eine nah verwandte, aber wesentlich seltenere Art, ist kräftiger, mit noch lebhafter orangebraunem Hut. Außerdem reißt die Oberfläche des Stiels häufig zu rauhen Schuppen auf.

Gedrungener Wulstling

Gelbbräunlicher Scheidenstreifling

Schirmlinge
(Lepiota)

Eine Gattung mit etwa 60, meist recht kleinen, zerbrechlichen Arten mit 1-5 cm breiten Hüten. Einige Arten, die oft der Gattung *Macrolepiota* zugeordnet werden, gehören jedoch zu unseren größten Pilzen. Der Hut ist meist schuppig, da die Oberfläche aufgerissen ist. Der Stiel trägt meist einen gut erkennbaren Ring oder eine Ringzone. Bei manchen Arten fällt dieser Ring jedoch nach einiger Zeit ab, ist also nur beim jungen Pilz zu sehen. Allen Arten fehlt die Volva, wenn auch manchmal an der Basis des Stiels deutlich Schuppen zu erkennen sind. Die Lamellen stehen frei, die Sporen sind weiß. Die meisten der kleinen Arten sind giftig.

Stinkschirmling
(Lepiota cristata)

Hut: 2–4 cm breit, glockig ausgebreitet; die Oberfläche bricht zu winzigen rotbraunen Schuppen auf weißem Grund auf; die Schuppen verschwinden, so daß der Hut am Rand und auf einem kleinen braunen Fleck in der Mitte kahl ist.
Stiel: 2–5 cm hoch, 4–6 cm dick, weiß, zylindrisch, zur Basis hin leicht verdickt.
Ring: hoch angesetzt, weiß, hautartig, fällt später ab.
Lamellen: weiß, frei.
Geruch: unangenehm, sauer, an **Boviste** (*Scleroderma*) erinnernd.
Sporen: weiß.
Standort: im Herbst in Laubwäldern, oft im Gras am Wegrand. Häufig. **GIFTIG.**
Wird leicht mit anderen kleinen *Lepiota*-Arten verwechselt. Mit einer Lupe erkennt man bei diesen jedoch winzige, spitz zulaufende Haarbüschel auf dem runden Fleck in der Hutmitte. Bei *L. cristata* fehlen diese Haarbüschelchen.

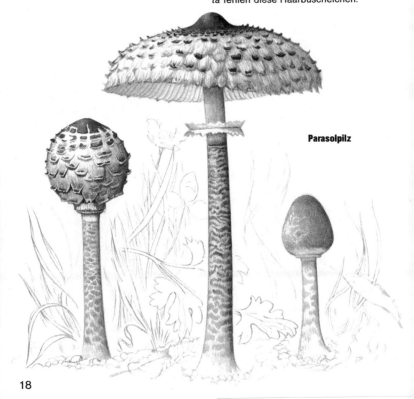

Parasolpilz

Parasolpilz
(Lepiota procera)

Hut: 12–22 cm breit, schirmförmig, in der Mitte gebuckelt; die Huthaut zerreißt zu großen, oft aufgebogenen, dunkelbraunen Schuppen auf schmutzig-weißem, faserig-rauhem Grund; zum Rand hin werden die Schuppen größer und spärlicher; in der Nähe des gleichmäßig dunkelbraunen Buckels in der Mitte sind sie kleiner und wachsen dichter.
Stiel: 20–30 cm hoch, 1,5–2 cm dick, schlank, dünn, zylindrisch mit knolliger, bis zu 4 cm dicker Basis; hell; dunkelbraun genattert.
Ring: groß, abstehend, doppelgerandet, weißlich, verschiebbar.
Lamellen: fühlen sich weich an, frei, angeheftet an einem manschettenartigen Rand um die Stielspitze.
Fleisch: weiß.
Sporen: weiß.
Standort: im Herbst häufig auf Weiden, an Waldrändern und im Gras an Wegrändern. Eßbar.
Der Standort, der dunkle, schuppige Hut, der genatterte Stiel, der verschiebbare Ring und das gleichbleibend weiße Fleisch sind seine unverkennbaren Merkmale. Der verschiebbare Ring ist ein Merkmal der großen *Lepiota*-Arten. Der Hut ist leicht vom Stiel zu trennen.

Rötender Schirmling
(Lepiota rhacodes)

Hut: 8–12 cm breit, gewölbt, ohne Buckel in der Mitte; die Huthaut zerreißt zu gelblich-braunen, aufgebogenen, ausgefransten Schuppen auf schmutzig-weißem faserigem Grund; keine Schuppen in der gleichmäßig gefärbten, dunkleren Mitte.
Stiel: 12–15 cm hoch, 1,5–2,0 cm dick, weißlich, zylindrisch mit bis zu 3 cm dicker, knolliger Basis.
Ring: groß, abstehend, weißlich, verschiebbar.
Lamellen: breit, fühlen sich weich an, frei, angeheftet an einem manschettenartigen Rand um die Stielspitze.
Fleisch: weiß; im Schnitt rötlich verfärbend.
Sporen: weiß.
Standort: im Herbst recht häufig in Strauchwerk sowie in Laub- und Nadelwäldern. Eßbar.
Unterscheidet sich von den übrigen großen *Lepiota*-Arten durch das sich rötlich verfärbende Fleisch. Das gedrungenere Aussehen, der anders geformte Hut mit den rauhen, ausgefransten, gelbbraunen Schuppen und die fehlende Natterung des Stiels unterscheiden *Lepiota rhacodes* außerdem von *L. procera*. *Lepiota rhacodes* ist darüber hinaus eher in Wäldern als auf Weiden anzutreffen.

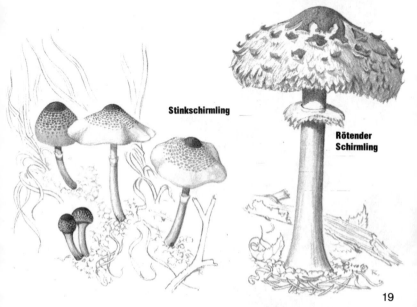

Stinkschirmling

Rötender Schirmling

Armillariella

Zwei parasitische Arten, die am Fuß von Baumstämmen dichte Büschel bilden.

Hallimasch

(Armillariella mellea, syn. Armillaria mellea). Nicht roh essen.

Hut: 6–12 cm breit, gewölbt, dann flach mit einer Vertiefung in der Mitte, honiggelb, gelbbraun oder zimtbraun, gegen den schwach gerieften Rand hin heller; von zarten, dunkelbraunen, haarigen Schuppen bedeckt, die beim jungen Pilz aufgebogen und dicht gedrängt sind, beim alten Pilz aber dann nur noch in der Mitte vorhanden sind.
Stiel: 9–14 cm hoch, 1–2 cm dick, zäh, zylindrisch, blaß braungelb, oben weißlich.
Ring: hoch angesetzt, dick, wattig, weißlich, oft mit gelben Flocken am Rand.
Lamellen: schmutzig-weiß bis fleischfarben; breit angewachsen.
Fleisch: weiß, weich. Schmeckt säuerlich.
Sporen: blaßgelb.
Standort: im Herbst sehr häufig am Fuß von lebenden und toten Baumstämmen oder -stümpfen. Jung eßbar.

Körnchenschirmling
(Cystoderma)

Zu dieser Gattung gehören etwa 6 Arten. Fruchtkörper klein bis mittelgroß; ockergelbe, orangebraune, rötlich-braune oder blaß fleischfarbene Hüte mit körnig-mehliger Oberfläche. Stiel gleichfarben wie Hut; Sporen weiß.

Amiant-Körnchenschirmling

(Cystoderma amianthinum, syn. Lepiota amanthina)

Hut: 2–3 cm breit, glockig ausgebreitet mit einem Buckel in der Mitte, ockergelb bis rostgelb, mit körnig-mehliger Oberfläche.
Stiel: 4–6 cm hoch, 4–6 mm dick, gleichfarben wie Hut, an der Basis oft dunkler, unter dem Ring mehlig körnig, Spitze hell.
Ring: manchmal schwach, gleichfarben wie Hut, Unterseite körnig.
Lamellen: breit angewachsen, blaßgelb.
Fleisch: gelblich.
Sporen: weiß.
Standort: im Herbst in Heideland, Nadelwäldern, Gras, Moos. Recht häufig.

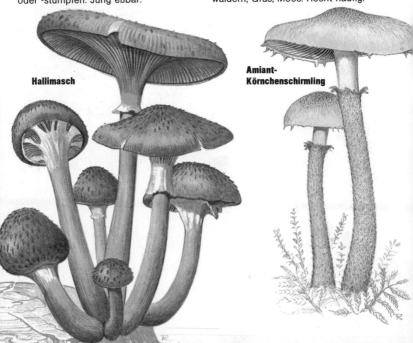

Hallimasch

Amiant-Körnchenschirmling

**Beringter
Schleimrübling**

Schleimrübling

(Oudemansiella)

Vier Arten. Hut klebrig bis schleimig, aber samtig bei *O. longipes* und *O. badia*. Lamellen breit, entfernt.

Beringter Schleimrübling

(Oudemansiella mucida, syn. Armillaria mucida, syn. Collybia mucida)

Hut: 3–7 cm breit, weich, schlaff, gewölbt sehr schleimig; weiß, später ins Graue gehend, geriefter Rand, fast durchscheinend.
Stiel: 5–7 cm hoch, 4–6 mm dick, oft krumm, zäh, knorpelig, zylindrisch; an der Basis oft tellerartig verbreitert; weiß bis ins Graue.
Ring: abstehend, oben weiß, auf der Unterseite besonders zum Rand hin etwas grau.
Lamellen: entfernt; breit, weich, weiß.
Sporen: weiß.
Standort: im Herbst in kleinen Büscheln ausschließlich auf Stämmen, Ästen oder Stümpfen von Buchen. Häufig.

Grubiger Schleimrübling

(Oudemansiella radicata, syn. Collybia radicata)

Hut: 5–8 cm breit, zäh, gewölbt, dann flach, oft mit strahlenförmig von einem Buckel in der Mitte ausgehenden Runzeln; naß klebrig; trocken nur noch schwach klebrig; Farbe variierend von blaß lederfarben oder hellbraun bis gelb- oder rotbraun.
Stiel: 10–18 cm hoch, 6–10 mm dick; schlank, zäh, knorpelig, dünn und zylindrisch, heller als der Hut, oft mit Graustich, längsgestreift und gewöhnlich leicht verdreht; wurzelt mit einer bis zu 30 cm langen Pfahlwurzel.
Lamellen: entfernt, breit, weiß.
Sporen: weiß.
Standort: von Spätsommer bis Herbst in Laubwäldern; wächst auf vergrabenem Holz und auf Wurzeln. Häufig. Wertlos.
Leicht zu erkennen an seinem klebrigen Hut und dem eleganten schlanken Stiel mit der langen Pfahlwurzel. Bei *O. longipes* und *O. badia* sind Hut und Stiel braun, trocken und samtig. Sonst ähneln sie aber *O. radicata*

**Grubiger
Schleimrübling**

Füllhorn

Hygrophoropsis

Drei Arten mit mehreren Varianten. Hut klein bis mittelgroß, trichterförmig mit weißer, ockergelber oder orangefarbener waschlederartiger Oberfläche und eingebogenem Rand. Lamellen dicht gedrängt, ähnlich gefärbt wie der Hut, regelmäßig und mehrfach gegabelt. Sporen weiß.

Falscher Pfifferling

(Hygrophoropsis aurantiaca,
syn. Cantharellus aurantiacus,
syn. Clitocybe aurantiaca)

Hut: 3–6 cm breit, trichterförmig mit eingerolltem Rand, waschlederartige Oberfläche, orange oder orangegelb.
Stiel: 2–4 cm hoch, 5–7 cm dick, wie der Hut gefärbt, beim alten Pilz unten oft bräunlich.
Lamellen: herablaufend, dicht, mehrfach gegabelt, kräftig orange.
Geruch: schwach.
Sporen: weiß.
Standort: im Herbst in Nadelwäldern und Heideland. Häufig. Eßbar, aber wertlos.

Kraterelle
(Craterellus)

Nur eine Art. Hut trompetenförmig, am Rand umgeschlagen, schwärzlich.

Füllhorn, Totentrompete
(Craterellus cornucopioides)

Hut: 2,5–7 cm hoch, zäh, trompetenförmig mit umgeschlagenem Rand; Innenseite filzig, rußig-braun bis schwärzlich, zu blaß graubraun vertrocknend; die sporenbildende Außenseite ist glatt bis leicht uneben, dunkel schiefergrau, manchmal fast ockerfarben; sie erscheint aschgrau und weißbereift.
Standort: im Herbst zwischen abgefallenen Blättern in Laubwäldern, besonders in Buchenwäldern. Häufig. Eßbar und gut.

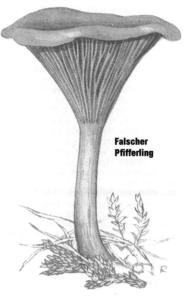

Falscher Pfifferling

Zu erkennen an dem orangefarbenen, trichterförmigen Fruchtkörper mit stark eingerolltem Rand und den mehrfach gegabelten, dichten, orangefarbenen Lamellen. Wird oft mit dem **Echten Pfifferling** (Cantharellus cibarius) verwechselt, der fleischiger ist, einen breit umgeschlagenen Rand und unregelmäßig verzweigte, schmale lamellige Adern hat. Dieser duftet auch nach Aprikosen.

Leistenpilz
(Cantharellus)

Fruchtkörper dünn oder fleischig, trichterförmig mit schmalen, unregelmäßig verzweigten lamelligen Leisten. »Lamellen« nicht scharfrandig wie bei anderen Pilzen, sondern an Adern oder Falten erinnernd. Sporen weiß bis blaßgelb.

Pfifferling
(Cantharellus cibarius)

Hut: 2,5–6 cm breit, mit breit umgeschlagenem Rand, in der Mitte oft etwas eingedrückt, verjüngt sich nach unten zu einem kurzen Stiel; glatt, feucht; eigelb.
Stiel: 2–6 cm hoch, 6–16 mm dick, kurz und gedrungen.
Lamellen: herablaufend, stumpfrandig, unregelmäßig verzweigt, leistenartig, netzartig miteinander verbunden.
Geruch: angenehm (nach Aprikosen).
Sporen: weiß.
Standort: im Herbst in Laubwäldern, besonders auf sandigem oder lehmigem Boden im Moos. Häufig. Eßbar. Sehr gefragt; läßt sich leicht trocknen. Typische Kennzeichen sind der fleischige, eigelbe Fruchtkörper mit den unregelmäßig verzweigten, schmalen, leistenartigen Lamellen sowie der Geruch nach Aprikosen. Nur mit dem **Falschen Pfifferling** (Hygrophoropsis aurantiaca) zu verwechseln. Dieser ist weniger fleischig, trichterförmig, orangefarben und besitzt echte, dichte Lamellen, die mehrfach regelmäßig gegabelt sind.

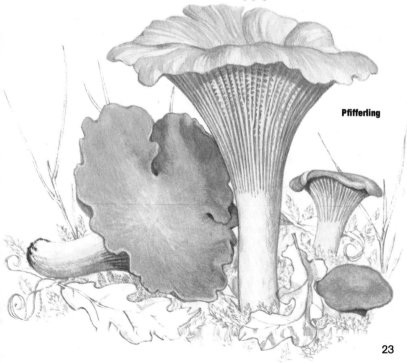

Pfifferling

23

Milchling
(Lactarius)

Eine große Gattung mit über 50 Arten. Hut klein oder kräftig, häufig trichterförmig mit trockener oder klebriger, glatter oder rauher Oberfläche, unterschiedlich gefärbt und häufig deutlich gezont. Stiel nach unten zu oft verjüngt, manchmal pockennarbig. Die mehr oder weniger weit herablaufenden Lamellen sondern an Schnitt- oder Bruchstellen einen Milchsaft ab, der bei manchen Arten mild und fade, bei anderen aber beißend scharf schmeckt und einige Minuten auf der Zunge brennt. Dennoch darf man die Milch unbesorgt kosten. Getrocknete Exemplare riechen oft stark nach Curry oder nach Bockshornklee.

Wolliger Milchling
(Lactarius vellereus)

Hut: 8–16 cm breit, kräftig, trichterförmig mit eingerolltem Rand, weiß; am Rand oft gelbe Flecken; waschlederartige und kurz samtfilzige Oberfläche.
Stiel: 4–6 cm hoch, 2–3 cm dick; kurz, gedrungen, fest, weißlich.
Lamellen: herablaufend, entfernt, dick, weiß bis blaßgelb.
Milch: weiß, pfefferscharf.
Sporen: weiß.
Standort: im Herbst in Laub- und Nadelwäldern. Häufig. Gut zu erkennen an dem großen weißen Hut mit der waschlederartigen Oberfläche und an der weißen, pfefferigen Milch. Nach besonderer Zubereitung eßbar, aber wertlos. *L. piperatus* unterscheidet sich durch die sehr dichten Lamellen. Außerdem ist die Hutoberfläche weniger lederartig und keineswegs samtig.
Der **blauende Täubling** *(Russula delica)* wird ebenfalls leicht mit diesem Pilz verwechselt, ist aber an den sehr brüchigen Lamellen zu erkennen, die an Bruchstellen keine Milch absondern.

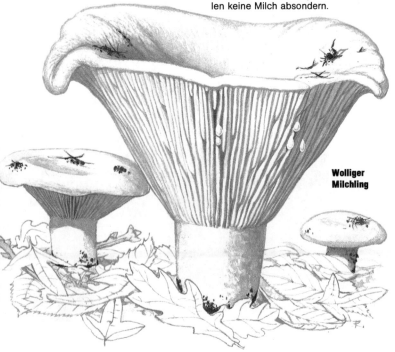

Wolliger Milchling

24

Birkenreizker

Pfeffermilchling

Birkenreizker
(Lactarius torminosus)

Hut: 4—9 cm breit, leicht trichterförmig, Oberfläche faserig rauh, besonders gegen den eingerollten Rand hin, rötlich-orange-farben mit dunkleren Zonen.
Stiel: 5—6 cm hoch, 8—10 mm dick, rosafleischfarben.
Lamellen: mehr oder weniger weit herablaufend, blaß fleischfarben.
Milch: weiß, sehr scharf.
Sporen: blaß rötlich-lederfarben.
Standort: im Herbst in Heideland und auf Weiden, jedoch nur unter Birken. Häufig. Schwach giftig.
Die wesentlichen Kennzeichen dieser Art sind der rötliche, zottige Hut, die weiße, scharfe Milch und der Standort unter Birken.
Es gibt noch einige andere Arten mit zottigem Hut und scharfer Milch. Der **flaumige Milchling** (*L. pubescens*) wächst ebenfalls unter Birken. Diese Art hat jedoch einen nicht gezonten, weißlichen Hut mit einem dicken zottigen Belag. *L. mairei*, eine orangefarbene Art, wächst unter Eichen.

Pfeffermilchling
(Lactarius piperatus)

Hut: 10—16 cm breit, trichterförmig mit glatter weißer Oberfläche.
Stiel: 4—6 cm hoch, 2—3 cm dick; kurz, gedrungen, weiß.
Lamellen: weiß, herablaufend, schmal, sehr dicht gedrängt.
Milch: weiß, reichlich, beißend scharf.
Sporen: weiß.
Standort: im Herbst in Laub- und Nadelwäldern. Häufig. Ungenießbar.
Durch den glatten Hut und die dicht gedrängten Lamellen ist dieser Pilz leicht von *L. vellereus* zu unterscheiden. Der **Blutfleckige Milchling** (*L. controversus*) ist ähnlich, abgesehen von dem rötlich gefleckten Hut und den hellen, rötlichlederfarbenen Lamellen. Er wächst unter Pappeln oder Zwergweiden auf Sanddünen. *L. glaucescens* ist hauptsächlich daran zu erkennen, daß die Milch sich allmählich schwach blaugrün färbt.

Tannenreizker

(Lactarius turpis, syn. L. plumbeus)

Hut: 8–20 cm breit, leicht trichterförmig oder gewölbt mit einer Vertiefung in der Mitte, Oberfläche klebrig, glatt bis auf den eingerollten filzigen Rand, dunkel olivbraun bis fast schwarz, am Rand gelblich-oliv.
Stiel: 4,5–7 cm hoch, 2–2,5 cm dick; kurz, gedrungen, klebrig, heller als der Hut, oft grubig.
Lamellen: mehr oder weniger weit herablaufend, schmutziggelb, an Druckstellen braun und fleckig.
Milch: weiß, reichlich, starker Pfeffergeschmack.
Sporen: blaß rötlich-lederfarben.
Standort: im Herbst in Heideland und auf Weiden, oft von Gras überwachsen, jedoch fast nur unter Birken. Häufig. Ungenießbar. Leicht zu erkennen auf Grund

seines Vorkommens unter Birken, seiner Größe, der dunklen Farbe und der sehr scharfen weißen Milch. Wenn Hut und Stiel mit Ammoniak beträufelt werden, färben sie sich sofort kräftig violett, was ein weiteres sicheres Bestimmungsmerkmal ist. Die Lamellen reagieren in diesem Fall weniger heftig.

Kleiner Duftmilchling

(Lactarius glyciosmus)

Hut: 2–6 cm breit, flach bis leicht eingedrückt mit kleiner Papille in der Mitte, glatt, trocken, blaß grau-lila, manchmal matt bräunlich.
Stiel: 4–5,5 cm hoch, 4–6 mm dick, gleichfarben wie der Hut, aber blasser.
Lamellen: mehr oder weniger weit herablaufend, rötlich-lederfarben bis ockersahnefarben.

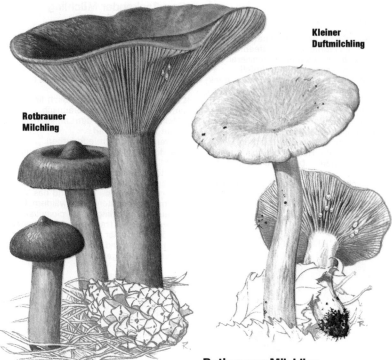

Kleiner Duftmilchling

Rotbrauner Milchling

Rotbrauner Milchling
(Lactarius rufus)

Milch: weiß, mild, später leichter Pfeffer-geschmack.
Geruch: stark, süßlich, nach vertrockne-ten Kokosnüssen.
Sporen: ocker-sahnefarben.
Standort: im Herbst unter Birken, auf Weiden und in Heideland. Recht häufig. Eßbar.
Die für diesen Pilz charakteristischen Merkmale sind der Standort, der kleine grau-lila gefärbte Hut mit der Papille in der Mitte und der kokosartige Geruch.
Der **violettmilchende Milchling** (*L. uvidus*) hat einen leicht klebrigen, bis zu 10 cm breiten, grau-violetten Hut, blaß-gelbe bis rötliche Lamellen und einen hellen, von der Basis her etwas gelbli-chen Stiel, der schließlich rostrot gefleckt wird. Auffallend an dieser Art ist, daß sich die bittere, anfangs weiße Milch wie das Fleisch an Schnittstellen violett verfärbt. Dieser Pilz wächst in feuchten Birkenwäl-

Hut: 4–6 cm breit, trichterförmig, in der Mitte gebuckelt, rotbraun, Oberfläche glatt, trocken; grießig, aber nicht körnig.
Stiel: 4,5–5,5 cm hoch, 5–7 mm dick, hel-ler als der Hut, unten weißlich.
Lamellen: herablaufend, blaß fleischfar-ben.
Milch: weiß, reichlich; nach etwa 1 Minute starker Pfeffergeschmack.
Sporen: fleischfarben.
Standort: im Herbst in Nadelwäldern, sehr selten unter Birken. Häufig. Unge-nießbar.
Typische Merkmale sind sein Vorkom-men unter Nadelbäumen, der rotbraune, gebuckelte Hut und die scharfe Milch.
Der **späte Milchling** (*L. hepaticus*) wächst ebenfalls in Nadelwäldern. Sein kleiner, leberbrauner Hut ist jedoch nur 3–4 cm breit; die Lamellen sind blaß lederfarben, der Stiel orangebraun. Die Milch schmeckt mild und hinterläßt auf Stoff *nohnoll golho Flooken. Ungenießbar.*

Eichenreizker

(Lactarius quietus)

Hut: 5–6,5 cm breit, leicht gewölbt, in der Mitte eingedrückt, hell-kaffeebraun mit schwach angedeuteten dunkleren Zonen. Oberfläche leicht getüpfelt.
Stiel: 5–6 cm hoch, 6–10 mm dick, dunkler als der Hut, besonders nach unten zu, oft rötlicher.
Lamellen: herablaufend, blaßgelblich-fleischfarben.
Geruch: charakteristisch, nach Speiseöl.
Sporen: blaß rötlich-lederfarben.
Standort: im Herbst häufig, aber nur unter Eichen. Abgekocht eßbar, aber wertlos.
Typische Merkmale sind sein Vorkommen unter Eichen, der hellkaffeebraune Hut, der dunkle Stiel, die mild schmeckende weiße Milch und der Geruch nach Speiseöl.

Graufleckender Milchling

(Lactarius vietus)

Hut: 4–7 cm breit, leicht gewölbt, später in der Mitte eingedrückt; wenn feucht, etwas klebrig; grauviolett bis lila-fleischfarben.
Stiel: 5–7 cm hoch, 8–10 mm dick, heller als der Hut.
Lamellen: weißlich bis gelblich-fleischfarben, an Druckstellen bräunlich.
Milch: weiß, bildet auf den Lamellen perlgraue Flecken, scharf.
Sporen: blaß rötlich-lederfarben.
Standort: im Herbst manchmal an feuchten Plätzen unter Birken. Ungenießbar.
Wichtige Bestimmungsmerkmale sind der grauviolette Hut, die weiße, an der Luft grau werdende Milch und das Vorkommen in feuchten Birkenwäldern. Der **kleine Duftmilchling** *(L. glyciosmus)* ist an ähnlichen Plätzen zu finden, ist aber gewöhnlich kleiner. Die Milch wird an der Luft nicht grau und hat den charakteristischen kokosartigen Geruch.

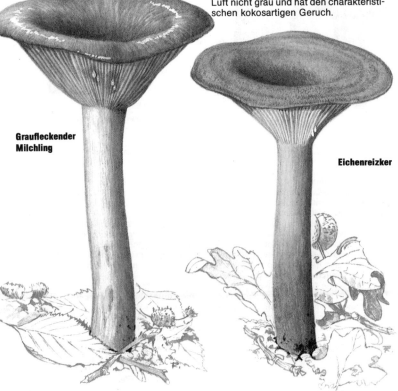

Graufleckender Milchling

Eichenreizker

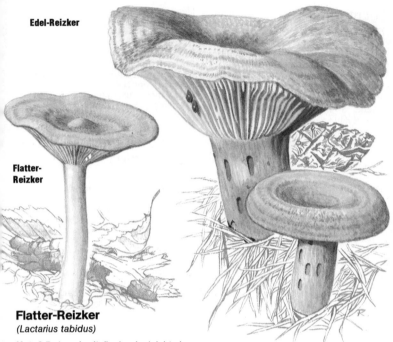

Edel-Reizker

Flatter-Reizker

Flatter-Reizker
(Lactarius tabidus)

Hut: 2,5–4 cm breit, flach oder leicht eingedrückt; unregelmäßig strahlenförmig
verlaufende Falten um einen kleinen
Buckel in der Mitte; orangebraun; wenn
trocken, zu gelblich-lederbraun verblassend; wenn feucht, Rand leicht gerieft.
Stiel: 2–4 cm hoch, 4–6 mm dick, gleichfarben wie Hut.
Lamellen: herablaufend, lederfarben.
Milch: mild, weiß; beim Eintrocknen hinterläßt sie auf Stoff gelbe Flecken.
Sporen: blaß-lederfarben.
Standort: im Herbst häufig in Laubwäldern.
L. tabidus ist hauptsächlich an dem kleinen orangebraunen Hut und der milden
Milch zu erkennen, die auf Stoff gelbe
Flecken hinterläßt. Bei einer Reihe ähnlicher Arten wird die Milch ebenfalls gelb.
Beim **späten Milchling** (*L. hepaticus*), einer häufig in Fichtenwäldern wachsenden Art, ist der Hut lederfarben; *L. britan-
nicus* ist etwas größer und wächst in Buchenwäldern. Die Hutfarbe reicht hier
von dunkel-rotbraun um die gebuckelte
Mitte über kräftig gelblich-kastanien-
braun zu gelblich-orangefarben am
Rand.

Edel-Reizker
(Lactarius deliciosus)

Hut: 6–10 cm breit, gewölbt und in der
Mitte eingedrückt oder leicht trichterförmig, feucht, rötlich-orange mit dunkleren, grünlichen Zonen und unterschiedlichen grünen Flecken; die Oberfläche
erscheint fast körnig-getupft.
Stiel: 6–8 cm hoch, 1,5–2 cm dick,
orangefarben, oft grubig.
Lamellen: orange-gelb, später grün gefleckt.
Milch: leuchtend karottenrot, nach ca. 30
Minuten grün verfärbt.
Sporen: blaß rötlich-lederfarben.
Standort: im Herbst in Nadelwäldern, besonders unter Kiefern. Häufig. Eßbar.
Diese Art ist an der orange-roten Färbung, den grünen Flecken und der leuchtend karottenroten Milch sicher zu erkennen. Der **goldflüssige Milchling** (*L. chry-
sorrheus*) ist ebenfalls ein **Milchling** (*Lactarius*) mit intensiv gefärbter Milch. Diese
Art wächst unter Eichen. Ihre Milch verfärbt sich an der Luft rasch goldgelb.

Trichterling
(Clitocybe)

Etwa 60 große und kräftige bis mittelgroße Arten mit meist verblichenen
Farben; Fruchtkörper mit weit ausladendem Hut oder trichterförmig, Lamellen mehr oder weniger weit herablaufend. Sporen weiß, blaßgelb oder
sogar leicht rosa. Die Vertreter der
Gattung **Nabeling** *(Omphalina)* sind
sehr ähnlich. Sie besitzen ebenfalls
herablaufende Lamellen, sind aber
kleiner.

Nebelgrauer Trichterling
(Clitocybe nebularis)

Hut: 7–16 cm breit, kräftig, fleischig, ge-
wölbt mit einem leichten Buckel in der
Mitte, später ziemlich flach, nebelgrau,
manchmal wie von einer mehlig-weißen
Schicht bedeckt.
Stiel: 7–10 cm hoch, 1,5–2,5 cm dick, zy-
lindrisch, heller als der Hut, oft gerieft.
Lamellen: herablaufend, dicht gedrängt,
blaß gelblich-grau.
Geruch: typisch, unangenehm.
Sporen: blaßgelb.
Standort: im Herbst in Laub- und Nadel-
wäldern, besonders auf humusreichen
Böden; in der Nähe von vermodernden
Gras- oder Laubhaufen, normalerweise
in Scharen; bildet auch oft Hexenringe.
Häufig. Eßbar, aber oft schwer verträg-
lich. Zu erkennen an der nebelgrauen
Farbe und dem typischen Geruch.

Anistrichterling
(Clitocybe odora)

Hut: 3–5 cm breit, flach, manchmal in der
Mitte leicht eingedrückt; der ganze Pilz
ist herrlich blaugrün.
Stiel: 3,5–4,5 cm hoch, 6–8 mm dick.
Lamellen: etwas herablaufend, heller als
der Hut.
Geruch: stark, süß, duftet nach Anis.
Sporen: weiß.
Standort: im Herbst in Laub- und Nadel-
wäldern, oft auch gesellig in kleineren
Gruppen. Recht häufig. Eßbar.
Leicht zu erkennen an der blaugrünen
Farbe und dem intensiven Geruch.

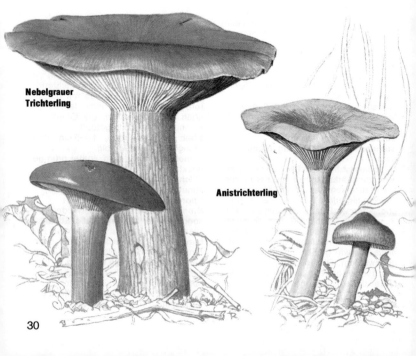

Nebelgrauer
Trichterling

Anistrichterling

Fuchsroter Trichterling
(Clitocybe flaccida, syn. C. inversa)

Hut: 4–7 cm breit, zäh, elastisch, trichterförmig mit eingerolltem Rand, Oberfläche glatt, braun, später leicht rötlichbraun, bei Trockenheit jedoch verblassend.

Stiel: 4–6 cm hoch, 5–7 mm dick, zäh, gleichfarben wie Hut, an der Basis filzig.

Lamellen: herablaufend, dicht gedrängt, blaß bis gelblich.

Sporen: weiß bis blaßgelb.

Standort: vom Herbst bis weit in den Winter in Nadelwäldern, oft gesellig oder in Büscheln, manchmal auch in Hexenringen. Recht häufig. Schwach giftig.

In Nadelwäldern findet man manchmal auch *C. gilva* (= *C. splendens*), einen recht ähnlichen Pilz mit einem insgesamt helleren, gelblichen Hut. Beide Arten besitzen winzige runde, rauhe Sporen. In Laubwäldern ist *C. infundibuliformis* **(Gelbbräunlicher Trichterling)** zu finden, eine zähe, elastische Art mit hellem bis gelblich-braunem Fleisch, einem trichterförmigen, 4–5 cm breiten Hut, einem festen, nur etwa 5 mm dicken, ähnlich gefärbten Stiel und weißlichen, herablaufenden Lamellen.

Gerieftrandiger Trichterling

Gerieftrandiger Trichterling
(Clitocybe vibecina)

Hut: 2,5–4 cm breit, gewölbt-niedergedrückt bis trichterförmig; wenn feucht, gleichmäßig wässerig graubraun mit gerieftem Rand; wenn trocken, schwach semmelfarben mit einem dunkelbraunen Fleck am Grund des Trichters.

Stiel: 3–4 cm hoch, 5–6 mm dick, gräulich mit weißer, wolliger Basis.

Lamellen: herablaufend, blaß graubraun.

Geruch: schwach nach Mehl.

Sporen: weiß.

Standort: vom Herbst bis weit in den Winter in Laub- und Nadelwäldern, auch in Heideland unter Farnkraut. Häufig. Wertlos. *C. vibecina* ist der am häufigsten zu findende Vertreter einer Reihe von eng verwandten, kleinen, graubraunen Arten. Man beachte die unterschiedlichen Erscheinungsformen, je nachdem, ob der Pilz feucht oder trocken ist.

Der **starre Trichterling** *(C. dicolor)* hat keinen Mehlgeruch. Der Stiel ist im Verhältnis länger und an der Basis dunkler.

Der **Laubfreundtrichterling** *(C. phyllophila)* hat einen bleifarbenen, bis zu 7 cm breiten Hut, der bald nur noch blaßgelb gefärbt ist.

Fuchsroter Trichterling

Täubling
(Russula)

Vermutlich die größte Gattung mit über 120 Arten. Schwer zu bestimmen; bei jedem Exemplar ist unbedingt zu prüfen, ob es mild oder scharf schmeckt. Außerdem ist mit Hilfe eines Sporenabdrucks auf Glas die genaue Sporenfarbe festzustellen, die von rein weiß bis ockergelb variieren kann. Die oft leuchtenden Farben dieser kleinen bis kräftigen Arten reichen von rosa, rot und purpur über orange und gelb bis grün. Die Hüte sind meist flach gewölbt mit kurzen, zerbrechlichen Stielen. **Täublinge** sind am leichtesten an den brüchigen Lamellen zu erkennen, wenn man vorsichtig mit dem Finger über sie streicht. Außerdem sind die Lamellen bis auf wenige Ausnahmen *(R. nigricans* und Verwandte) bei allen Arten gleich lang, ohne kürzere Lamellen dazwischen.

Dickblättriger Schwarztäubling
(Russula nigricans)

Hut: 9–15 cm breit, gewölbt, später eingedrückt, hellbraun, dann bald fleckig braun, später dunkelbraun bis schwarz.
Stiel: 5–7 cm hoch, 2–3 cm dick, allmählich braun.
Lamellen: dick, breit angewachsen, sehr weit entfernt, äußerst brüchig mit kurzen Lamellen dazwischen, schmutzig-weiß bis blaßgelb, an Druckstellen rot.
Fleisch: fest, weiß; verfärbt sich an Bruchstellen rot und schließlich schwarz.
Standort: im Herbst in Laub- und Nadelwäldern, besonders aber unter Buchen. Sehr häufig. Wertlos.
Leicht zu erkennen an der dunklen Farbe, den weit entfernten Lamellen mit den kürzeren dazwischen. *Nyctalis asterophora* oder *Nyctalis parasitica* (s. S. 54), zwei weißliche oder gräuliche *Agaricales*, wachsen parasitär auf *Russula nigricans*. Der **scharfblättrige Schwarztäubling** *(Russula acrifolia)* und der **Brandtäubling** *(R. adusta)* sind ähnlich, haben jedoch dicht gedrängte, kurz herablaufende Lamellen mit kürzeren dazwischen.

Dickblättriger Schwarztäubling

Purpurvioletter Täubling

Speitäubling

Speitäubling

(Russula emetica)

Hut: 4–7 cm breit, gewölbt, später eingedrückt, leuchtend scharlachrot mit schmieriger, glänzender Oberfläche, Rand schließlich grob gerieft.
Stiel: 5–8 cm hoch, 1,5–2 cm dick, recht schlank, zerbrechlich, rein weiß, im unteren Teil gewöhnlich etwas keulenförmig.
Lamellen: angeheftet, weiß.
Fleisch: sehr scharf.
Sporen: rein weiß.
Standort: im Herbst in Laub- und Nadelwäldern. Häufig. Roh **GIFTIG,** als Speisepilz ungeeignet.
Die wichtigsten Bestimmungsmerkmale dieser Art sind der Standort, die leuchtende Farbe, die weißen Sporen, der schlanke Wuchs und der scharfe, pfefferartige Geschmack.
Einige eng verwandte Arten weisen geringe, nur schwer feststellbare Unterschiede auf. Beim **Buchenspeitäubling** *(R. mairei)* ist fast kein Unterschied zu erkennen, abgesehen davon, daß er unter Buchen wächst und einen kürzeren und festeren zylindrischen Stiel besitzt.

Purpurvioletter Täubling

(Russula sardonia, syn. R. drimeia)

Hut: 6–10 cm breit, gewölbt bis glockig ausgebreitet; Farbe von dunkel purpurrot oder rot-violett bis rötlich-schwarz.
Stiel: 7–12 cm hoch, 1,5–2 cm dick, recht schlank, herrlich purpurfarben.
Lamellen: angeheftet, zitronengelb; am Rand hängen oft wässerige Tröpfchen.
Fleisch: weiß, sehr scharf.
Sporen: blaßgelb.
Standort: im Herbst in Kiefernwäldern. Häufig. Ungenießbar. Der **Stachelbeertäubling** *(R. queletii)* ist ebenfalls, wenn auch seltener, in Kiefernwäldern zu finden. Die weißlichen bis blaß-gelben Lamellen sind praktisch das einzige Unterscheidungsmerkmal. *R. caerulea* **(Bläulicher Täubling)** wächst auch unter Kiefern und hat einen ähnlich gefärbten Hut mit glänzender Oberfläche, jedoch einem deutlichen Buckel in der Mitte. Das Fleisch schmeckt mild oder nur schwach nach Pfeffer. Stiel weiß, Sporen ockergelb. *R. atropurpurea* **(Schwarzpurpurner Täubling)** hat einen dunkel purpurroten bis fast schwarzen Hut, wächst aber in Laubwäldern. Dieser Pilz hat weißliche Lamellen, etwas pfefferartigen Geschmack und weiße bis farblose Sporen.

Schwarzpurpurner Täubling

(Russula Atropurpurea)

Hut: 4–10 cm breit, gewölbt, manchmal leicht gebuckelt, feucht, dunkel purpurrot bis fast schwarz, bei älteren Pilzen in der Mitte oft gelb gesprenkelt.

Stiel: 5–7 cm hoch, 1,5–2 cm dick, kurz, gedrungen, weiß, rostfarbene Basis.

Lamellen: angeheftet, weißlich bis blaßgelb, oft verblaßt mit rostfarbenen Flecken.

Fleisch: mild bis leicht pfefferartig.

Sporen: weiß bis eher farblos.

Standort: im Herbst in Laubwäldern. Häufig. Eßbar, aber ein wenig bitter.

Dieser **Täubling** unterscheidet sich von den übrigen, in Laubwäldern wachsenden Arten durch den fast schwarzen Hut und die eher farblosen Sporen. Der **zerbrechliche Täubling** (*R. fragilis*) ist ähnlich, aber insgesamt kleiner und zerbrechlicher mit sehr scharfem Fleisch und weißen Sporen. Der Hut ist selten breiter als 4 cm. Außerdem ist er am Rand rötlich gefleckt und in der Mitte dunkler und eingedrückt. Die dunkel-purpurroten Varianten von dem **Herings-Täubling** (*R. xerampelina*) sind an dem fischartigen Geruch und an den schwach ockergelben Sporen zu erkennen. Außerdem verfärbt sich der Stiel grün, wenn man ihn mit einem Eisenalaunkristall reibt.

Blut-Täubling

(Russula sanguinea)

Hut: 7–10 cm breit, leicht gewölbt, später flach und in der Mitte oft leicht gebuckelt, blutrot; sieht feucht und fast körnig aus.

Stiel: 8–12 cm hoch, 1,5–2 cm dick, weißlich mit kräftigem Rosastich.

Lamellen: leicht herablaufend, dicht gedrängt, elfenbeinfarben.

Fleisch: weiß, scharf.

Sporen: blaßgelb.

Standort: im Herbst in Kiefernwäldern. Häufig. Ungenießbar. Wichtige Bestimmungsmerkmale sind die Farbe, der deutlich rosa-getönte Stiel, der scharfe Geschmack, die blaßgelben Sporen und das Vorkommen unter Kiefern.

Blut-Täubling

Schwarzpurpurner Täubling

Zitronentäubling

(Russula ochroleuca)

Hut: 5–8 cm breit, leicht trichterförmig, feucht, leuchtend ockergelb bis grünlichgelb.
Stiel: 6–8 cm hoch, 1,5–2 cm dick, ziemlich weich mit fester Rinde, weiß, später gräulich; die Oberfläche ist von schwachen, dicht gedrängten, in Längsrichtung verlaufenden Adern bedeckt.
Lamellen: weißlich.
Fleisch: mild bis mäßig scharf.
Sporen: blaßgelb.
Standort: bis weit in den Spätherbst sehr häufig in Laub- und Nadelwäldern. Wertlos.

Der **Zitronentäubling,** einer der am häufigsten vorkommenden Täublinge, ist recht leicht zu erkennen, wenn er auch gern mit dem **Gallentäubling** *(R. fellea)* verwechselt wird. Diesen Pilz findet man recht häufig in Buchenwäldern. Er ist gewöhnlich kleiner, kompakter und eher bräunlich gefärbt. Der Hut ist glatt und ölig oder wachsartig glänzend. Er ist strohgelb gefärbt, am Rand etwas blasser, in der Mitte kräftiger. Lamellen und Stiel sind heller als der Hut. Der Pilz riecht schwach nach Äpfeln.

Bläulicher Täubling

(Russula caerulea)

Hut: 4–7 cm breit, gewölbt, in der Mitte gebuckelt, glänzend, purpur-violett.
Stiel: 6–8 cm hoch, 1–1,5 cm dick, schlank, weiß.
Lamellen: blaßgelb, dann gelb.
Fleisch: mild.
Sporen: ockergelb.
Standort: im Herbst gelegentlich in Kiefernwäldern. Ungenießbar. Typische Kennzeichen sind der sehr dunkle, in der Mitte gebuckelte Hut, die gelben Lamellen und ockergelben Sporen, der weiße Stiel und das Vorkommen in Kiefernwäldern. Bei *Russula sardonia* **(Purpurvioletter Täubling)** und *R. queletii* **(Stachelbeertäubling),** beide in Kiefernwäldern zu finden, sind die Hüte ähnlich gefärbt, jedoch ohne Buckel in der Mitte. Lamellen und Sporen sind wesentlich heller, die Stiele rötlich, der Geschmack scharf. Die dunkel purpurfarbenen Varianten von *Russula xerampelina* **(Heringstäubling)** sind am Fischgeruch zu erkennen.

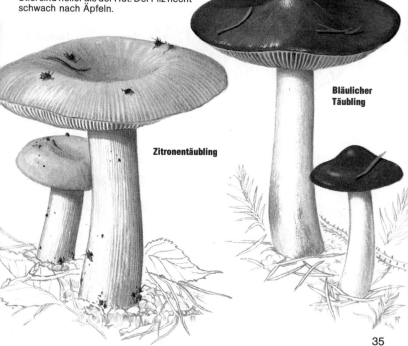

Bläulicher Täubling

Zitronentäubling

Gallentäubling

(Russula fellea)

Hut: 4–5 cm breit, gewölbt, strohgelb gefärbt, am Rand heller, in der Mitte dunkler, ölig oder wachsartig glänzend.

Stiel: 4–6 cm hoch, 1,5–1,8 cm dick, heller als der Hut.

Lamellen: angeheftet, wie der Hut gefärbt.

Fleisch: brennend scharf, Geruch nach Äpfeln oder Geranien.

Sporen: blaßgelb.

Standort: im Herbst in Laubwäldern, besonders unter Buchen. Häufig. Ungenießbar.

Diese Art hat große Ähnlichkeit mit *R. ochroleuca* **(Zitronentäubling),** unterscheidet sich jedoch durch die bräunlichere Färbung des gesamten Fruchtkörpers, den apfelartigen Geruch und den gedrungeneren Wuchs. *R. claroflava* **(Gelber Graustiel-Täubling)** wächst unter Birken, oft in Torfmoos an Seeufern und auf Sumpfböden. Dieser Pilz hat einen chromgelben Hut und blaßgelbe Lamellen. Der ganze Fruchtkörper, also auch das Fleisch, verfärbt sich mit der Zeit schwarz.

Gallentäubling

Frauentäubling

Frauentäubling

(Russula cyanoxantha)

Hut: 7–10 cm breit, gewölbt, in der Mitte etwas eingedrückt, feucht, dunkel gräulich-purpur mit Olivtönen.
Stiel: 8–11 cm hoch, 1,5–2 cm dick, weiß, hart.
Lamellen: weiß, weich und biegsam.
Fleisch: mild.
Sporen: weiß.
Standort: im Herbst in Laubwäldern. Häufig. Eßbar und wohlschmeckend.
Sichere Bestimmungsmerkmale sind der gräulich-purpurfarbene Hut mit den Olivtönen und die elastischen weißen Lamellen. Die Lamellen sind viel weniger brüchig als bei den übrigen Täublingen.
Der **blaugrüne Reittäubling** *(Russula parazurea)* und *R. ionochlora* sind ähnliche, aber kleinere Arten mit weißbereiftem Hut und blaßgelben Sporen.
R. heterophylla **(Grüner Speisetäubling)** und *R. aeruginea* **(Grasgrüner Täubling)** wachsen beide unter Birken und haben grüne Hüte. *R. heterophylla* ist recht selten und hat weiße Sporen, während *R. aeruginea* häufig vorkommt und lederfarbene Sporen hat.

Stinktäubling

(Russula foetens)

Hut: 9–14 cm breit, erst kugelförmig, später gewölbt, schmierig bis schleimig, ockerbraun, mit stark gefurchtem Rand.
Stiel: 10–12 cm hoch, 2–4 cm dick, hohl, brüchig, wesentlich heller als der Hut.
Lamellen: am Rand hängen oft wässerige Tröpfchen, schmutzigweiß mit blaßstrohgelber Tönung.
Fleisch: brennend scharf mit widerlich öligem Geruch.
Sporen: blaßgelb.
Standort: im Herbst in Laub- und Nadelwäldern. Häufig. Ungenießbar.
Zu erkennen an dem kräftigen Wuchs, dem schmutzigbraunen Hut mit dem gefurchten Rand, dem intensiven Geruch.
Der **Mandeltäubling** *(R. laurocerasi)* hat einen schwächeren Geruch nach Bittermandeln oder zerriebenen Kirschlorbeerblättern. Der **Camemberttäubling** *(Russula sororia)* wächst unter Eichen, ist kleiner und flacher mit graubraunem Hut und gefurchtem, warzigem Rand.

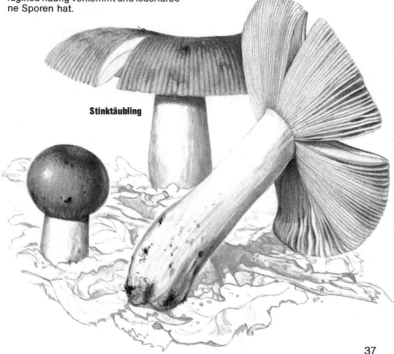

Stinktäubling

Flammulina

Eine einzige, auf Holz wachsende Art mit leuchtend gelbbraunem, klebrigem Hut, dunkelbraunem, samtigem Stiel und weißen Sporen.

Samtfußrübling

(Flammulina velutipes)

Hut: 2,5–5 cm breit, leicht gewölbt, dann allmählich flach, leuchtend gelbbraun oder goldbraun, in der Mitte oft dunkler und bräunlicher, feucht; wenn naß, klebrig; wenn trocken, glänzend.
Stiel: 2,5–5 cm hoch, 4–6 mm dick, tief dunkelbraun und auffallend samtig, obenzu gelb verblassend.
Lamellen: angeheftet, ziemlich entfernt, blaßgelb.
Standort: im Spätherbst und Winter auf Stämmen und Ästen, besonders von abgestorbenen Ulmen, oft recht zahlreich; bildet kleine dachziegelartige Büschel; wächst sehr selten auf vergrabenen Wurzeln. Eßbar.

Samtfußrübling

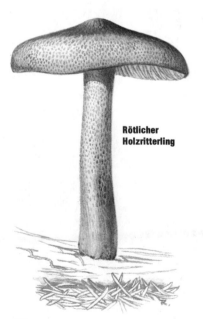

Rötlicher Holzritterling

Holzritterling
(Tricholomopsis)

Drei auf Holz wachsende Arten. Die Fruchtkörper sind zäh oder fleischig, oft recht kräftig, mit mehr oder weniger filziger Oberfläche, die recht intensiv gefärbt sein kann, z.B. gelb oder purpur. Die Sporen sind weiß.

Rötlicher Holzritterling

(Tricholomopsis rutilans, syn. Tricholoma rutilans)

Hut: 6–12 cm breit, gewölbt bis glockig ausgebreitet, gelb; übersät von winzigen, fleckigen, purpurfarbenen Schuppen, die in der Mitte recht dichtgedrängt sind, zum Rand hin aber spärlicher werden, so daß der gelbe Untergrund mehr und mehr zum Vorschein kommt.
Stiel: 6–9 cm hoch, 1–1,5 cm dick, ähnlich gefärbt wie der Hut; im unteren Teil ebenso von purpurfarbenen Schuppen übersät, die zur gelben Spitze hin allmählich verschwinden.
Lamellen: gelb.
Fleisch: gelblich.
Sporen: weiß.
Standort: im Herbst auf Nadelbaumstümpfen. Recht häufig. Dieser Pilz ist an der rot-gelben Farbkombination und dem Vorkommen auf Nadelbaumstümpfen leicht zu erkennen. Schwach giftig. *T. platyphylla* (**Breitblättriger Holzritterling**) ist ein zäher, graubrauner Pilz mit großem, schlaffem, 5–12 cm breitem Hut, der deutlich gerieft und leicht faserig ist; die Lamellen sind sehr breit, entfernt und weißlich.

Rötel-Ritterling
(Lepista)

Sechs Arten. Die Fruchtkörper sind meist recht kräftig und fleischig, bei manchen Arten stellenweise leuchtend violett. Die Lamellen sind mehr oder weniger ausgebuchtet. Die Sporen sind blaßrosa.

Lilastieliger Rötel-Ritterling
(Lepista saeva, syn. L. personata, syn. Tricholoma saevum, syn. T. personatum)

Hut: 6–8 cm breit, gewölbt, dann flach, feucht, leder- bis gräulich-lederfarben.
Stiel: 5–6 cm hoch, 1,5–2 cm dick, an der Basis oft verdickt, hellviolett, mit streifigfaseriger Oberfläche.
Lamellen: weißlich bis blaß fleischfarben.
Sporen: blaßrosa.
Standort: im Herbst auf Gras, oft in Hexenringen. Häufig. Eßbar und gut.
L. nuda ist ähnlich, wächst aber auf Waldboden und ist kräftig violett gefärbt.

Violetter Rötel-Ritterling
(Lepista nuda, syn. Tricholoma nudum)

Hut: 6–10 cm breit, leicht gewölbt, dann allmählich flach, erscheint oft schmierig oder mit Wasser vollgesaugt, Farbe variierend von einheitlich violett bis rötlichbraun mit violetter Färbung am Rand.
Stiel: 6–8 cm hoch, 1,5–2 cm dick, kräftig bläulich-lila.
Lamellen: zuerst kräftig violett, später allmählich rötlich.
Sporen: blaßrosa.
Standort: vom Spätherbst bis weit in den Winter in Laubwäldern, auf Komposthaufen. Eßbar und gut, manchmal zum Kauf angeboten. Kaum mit anderen Pilzen zu verwechseln, vor allem dann nicht, wenn man auf die Farbe des Sporenstaubs achtet. Es gibt viele *Cortinarius*-Arten in mehr oder weniger intensiven Lila- oder Violett-Tönen. Der Sporenstaub ist jedoch bei allen rostbraun gefärbt.

Lilastieliger Rötelritterling

Violetter
Rötel-Ritterling

Bläuling, Lacktrichterling
(Laccaria)

Sieben bis acht Arten. Hut klein bis mittelgroß, oft intensiv gefärbt und gewöhnlich mit schorfiger oder filziger Oberfläche, die naß oder trocken sehr unterschiedlich aussieht. Die Lamellen sind dick, entfernt, wachsartig, rötlich oder tief amethystblau. Weißer Sporenstaub.

Amethystblauer Lacktrichterling

(Laccaria amethystea, syn. L. amethystina)

Hut: 2,5–4 cm breit, gewölbt, später etwas abgeflacht, in der Mitte oft eingedrückt, schorfig-filzige Oberfläche; der feuchte Pilz ist kräftig violett; trocken bleicht er zu blaß-lederfarben mit Lilatönung.
Stiel: 4–6 cm hoch, 6 mm dick, tief violett; bei Trockenheit jedoch heller.
Lamellen: breit, dick, entfernt, breit angewachsen oder nur angeheftet, kräftig violett; trocken hell fleischfarben.
Sporen: weiß.
Standort: im Herbst in Laubwäldern. Häufig. Eßbar. Leicht zu erkennen an seinem Standort und der leuchtend violetten Färbung bei Nässe.

Amethystblauer
Lacktrichterling

Rötlicher
Lacktrichterling

Rötlicher Lacktrichterling
(Laccaria laccata)

Hut: 2–4 cm breit, leicht gewölbt bis glockig ausgebreitet, in der Mitte manchmal etwas eingedrückt; Oberfläche filzig oder schorfig; blaßrosa bis rot-braun mit grieftem Rand; wenn trocken, blaß lederfarben und matt, nicht gerieft.
Stiel: 4–5 cm hoch, 5 mm dick, zäh, gerieft, faserig, rötlich-braun, oft verdreht.
Lamellen: breit, dick, entfernt, wachsartig, rosa-fleischfarben und wachsartig glänzend.
Sporen: weiß.
Standort: im Herbst oft in Gruppen in Laub- und Nadelwäldern, in Heideland. Sehr häufig. Eßbar.
Auf Grund seiner je nach Feuchtigkeit des Hutes sehr unterschiedlichen Erscheinungsformen ist dieser Pilz nicht immer leicht zu bestimmen, daher der englische Trivialname **The Deceiver** (Der »Täuscher«). Hilfreiches Bestimmungsmerkmal sind jedoch die dicken, entfernten, wachsartigen, fleischfarbenen, mehr oder weniger breit angewachsenen Lamellen. **Der große Lacktrichterling** (*L. proxima*) ist eine etwas kräftigere, auf morastigem Boden wachsende Art mit bis zu 8 cm hohem Stiel.

Rübling
(Collybia)

Etwa 36 Arten; die kleinen schmutzig-graubraunen Arten mit den gräulichen Lamellen werden heute oft eigens zu der Gattung *Tephrocybe* zusammengefaßt.

Gefleckter Rübling
(Collybia maculata)

Hut: 5–9 cm breit, gewölbt, weiß mit stecknadelkopfgroßen oder auch größeren, rotbraunen Flecken; später verfärbt sich oft der ganze Hut blaß-rotbraun.
Stiel: 8–10 cm hoch, 1–1,6 cm dick, fest, weiß, oft längsgestreift; verjüngt sich nach unten zu einer kurzwurzelnden Basis.
Lamellen: dicht gedrängt, schmal, blaßgelb mit rotbraunen Flecken.
Standort: im Herbst in Nadelwäldern oder in Farn auf Heideboden; oft in Gruppen, manchmal in Hexenringen. Häufig. Ungenießbar.
Leicht zu erkennen an den in Nadelwäldern oder auf Heideland in Gruppen wachsenden zähen, weißen, fuchsrot gefleckten Fruchtkörpern und den sehr dichtgedrängten Lamellen.

Spindeliger Rübling
(Collybia fusipes)

Hut: 3–7 cm breit, glockig ausgebreitet, mit einem Buckel in der Mitte, glatt, dunkelrotbraun; wenn trocken, rötlich lederfarben oder schwach gelbbraun.
Stiel: 8–10 cm hoch, 1–1,5 cm dick, zäh, ähnlich gefärbt wie der Hut, nach unten zu allmählich dicker, an der wurzelnden Basis aber stark zugespitzt; die Oberfläche ist deutlich gefurcht.
Lamellen: angeheftet, breit, entfernt, weißlich, dann leicht rotbraun getönt, oft auch braungefleckt.
Sporen: weiß.
Standort: vom Spätsommer bis in den Frühherbst gelegentlich in Büscheln am Fuß von Baumstämmen, besonders unter Eichen. Schwach giftig. Die Hyphen der einzelnen Fruchtkörper verwachsen im Boden miteinander und bilden dann ein schwarzes, holziges Wurzelgeflecht. Typische Merkmale dieser Art sind der dunkel-leberfarbene Hut und der zähe, gefurchte, wurzelnde Stiel.

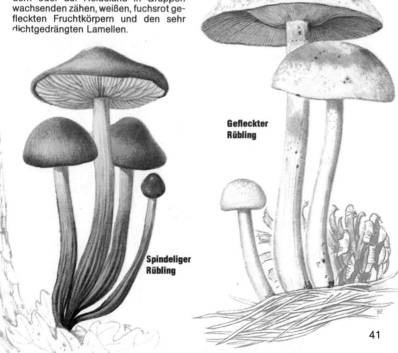

Gefleckter Rübling

Spindeliger Rübling

Brennender Rübling

Waldfreund-Rübling

(Collybia dryophila, syn. Marasmius dryophilus)

Hut: 2–3 cm breit, leicht gewölbt bis flach, glatt, hell-semmelfarben, in der Mitte eher braun; trocken fast weiß und nur in der Mitte gelblich-braun gefärbt.
Stiel: 4–6 cm hoch, 2–4 mm dick, schlank, dünn, zäh, glatt, Farbe variierend von gelblich-braun bis orangebraun.
Lamellen: angeheftet, gedrängt, weißlich.
Sporen: weiß.
Standort: von Mai bis November in Laubwäldern oder im Gras an Wegrändern. Häufig. Eßbar.

Knopfstieliger Rübling

(Collybia confluens, syn. Marasmius confluens)

Hut: 2–4 cm breit, leicht glockig bis flach, sehr dünn, lederartig, Oberfläche weißbereift, hell-semmelfarben, manchmal fleischfarben; trocken fast weiß.
Stiel: 6–7 cm hoch, 3 mm dick, schlank, oft abgeflacht, zäh, ganz von feinen weißlichen Härchen überzogen, sonst aber gleichfarben wie der Hut.
Lamellen: angeheftet, sehr dichtgedrängt, schmal, im Ton der Hutfarbe.
Sporen: weiß.
Standort: im Herbst in vermodernden Blättern in Laubwäldern, besonders unter Buchen; wächst in Büscheln von 10 bis 15 Fruchtkörpern. Häufig. Wertlos.

Brennender Rübling

(Collybia peronata, syn. Marasmius peronatus)

Hut: 4–6 cm breit, sehr weit glockig ausgebreitet bis flach, in der Mitte manchmal gebuckelt, glatt, sehr zäh und lederartig, ockerfarben bis rötlich-braun, trocken heller.
Stiel: 7–9 cm hoch, 5 mm dick, schlank, dünn, aber sehr zäh, blaß gelblich-lederfarben, nach unten zu mit dickem, hellgelbem wolligem Filz überzogen.
Lamellen: zäh, lederartig, entfernt, angeheftet, bilden um die Stielspitze eine falsche Manschette; gleichfarben wie Hut.
Fleisch: dünn, lederartig, gelblich, pfefferartiger Geschmack.
Sporen: weiß.
Standort: im Herbst vor allem in Laubwäldern im vermodernden Laub. Häufig. Ungenießbar.
Läßt sich auf Grund der sehr dünnen, lederartigen Beschaffenheit des Fruchtkörpers nicht abbrechen, sondern nur abreißen.

Waldfreund-Rübling

42

Schwefelritterling

(Tricholoma sulphureum)

Hut: 4–6 cm breit, gewölbt bis glockig ausgebreitet, glatt, schwefelgelb.
Stiel: 7–8 cm hoch, 1–1,5 cm dick, gleichfarben wie Hut.
Lamellen: ausgebuchtet, breit, entfernt, ziemlich dick, gleichfarben wie Hut.
Fleisch: gelb; mit stechendem, leuchtgasartigem Geruch.
Sporen: weiß.
Standort: im Herbst in Laubwäldern. Gelegentlich. Ungenießbar, **möglicherweise sogar giftig.**
Leicht zu erkennen am Geruch und an der gleichmäßig schwefelgelben Färbung des ganzen Fruchtkörpers.

Erdritterling

Schwefelritterling

Erdritterling

(Tricholoma terreum)

Hut: 3–6 cm breit, glockig ausgebreitet, in der Mitte manchmal leicht eingedrückt mit auffallendem Buckel, mausgrau mit filziger Oberfläche.
Stiel: 4–7 cm hoch, 7–10 mm dick, weißlich.
Lamellen: ausgebuchtet, entfernt, weißlich oder mit Graustich.
Fleisch: weißlich oder wässerig-grau; milder Geschmack.
Sporen: weiß.
Standort: im Herbst besonders unter Nadelbäumen. Recht häufig. Eßbar.
Typische Merkmale sind der filzige graue Hut und die hellen, entfernten und ausgebuchteten Lamellen.
Zuerst erscheint der **silbergraue Ritterling** *(T. argyraceum)* recht ähnlich, zerrieben riecht dieser Pilz jedoch nach Mehl. Bei vermodernden Exemplaren werden die Lamellen gelb.
Ein weiterer ähnlicher Pilz mit mehligem Geruch ist der **beringte Erdritterling** *(T. cingulatum)*. Er ist sofort an dem wattigen Ring um den Stiel zu erkennen (einer der wenigen Ritterlinge mit einem Ring!).

Saftling, Schneckling, Ellerling
(Hygrophorus)

Eine Gattung mit über 90 Arten, die meist auf Gras, aber auch auf Waldboden wachsen und oft intensiv gefärbt sind: rot, orange, gelb, rosa oder grün. Die Oberfläche ist trocken oder klebrig bis schleimig. Der Hut ist leicht gewölbt, glockig ausgebreitet, ausladend oder in der Form eines Spitzkegels. Wenn letzteres zutrifft, färbt sich der Hut an Druckstellen oder im Alter schwarz. Die wachsartigen Lamellen sind stark herablaufend, schmal angeheftet oder frei. *Hygrophorusarten* sind meist ausgezeichnete Gemüse- und Suppenpilze, u.a. *H. conicus.*

Kegeliger Saftling
(Hygrophorus conicus)

Hut: bis zu 3 cm hoch, spitz kegelförmig mit faseriger Oberfläche, gelb oder orange; bei Berührung oder im Alter verfärbt er sich schwarz.
Stiel: bis zu 6 cm hoch, 5 mm dick, faserig, gelb; wird später schwarz.
Lamellen: bauchig, fast frei, hellgelb.
Sporen: weiß.
Standort: im Herbst recht häufig auf grasigen Plätzen. Wertlos. Ein wichtiges Kennzeichen ist der spitzkegelförmige, faserige, orangefarbene Hut, der sich wie der übrige Fruchtkörper bei Berührung schwarz färbt. Der **schwärzende Saftling** (*H. nigrescens*) ist die einzige Art, die leicht mit *H. conicus* verwechselt wird, hat aber einen vorwiegend scharlachroten Hut und ist kräftiger als *H. conicus. H. conicoides* ist auf Sanddünen zu finden und hat einen kirschroten Hut.

Kegeliger Saftling

Hochroter Saftling
(Hygrophorus puniceus)

Hut: 5–10 cm breit, glockig ausgebreitet, glatt, scharlachrot, jedoch bald verblassend; im Alter verfärbt er sich gelblich.
Stiel: 7–10 cm hoch, 1–1,5 cm dick, faserig, gleichfarben wie Hut, an der Basis aber weiß.
Lamellen: angeheftet, gelb mit Stich ins Rote.
Sporen: weiß.
Standort: im Herbst gelegentlich auf grasigen Plätzen. Eßbar. Unterscheidet sich von *H. coccineus* durch das kräftigere Aussehen. *H. splendidissimus* ist eine ähnliche Art, die aber einen glatten Stiel hat. Außerdem ist das Fleisch in der Stielmitte gelb (und nicht weißlich).

Scharlachroter Saftling
(Hygrophorus coccineus)

Hut: 2,5–5 cm breit, glockig ausgebreitet, manchmal flach oder sogar konkav mit einem Buckel in der Mitte, glatt, leuchtend scharlachrot, im Alter zu gelblicher Färbung verblassend.
Stiel: 2,5–6 cm hoch, 5–10 mm dick, gleichfarben wie Hut, an der Basis jedoch gelb.
Lamellen: breit angewachsen mit herablaufendem Zahn, weitständig, rot.
Sporen: weiß.
Standort: im Herbst gelegentlich auf grasigen Plätzen. Eßbar. *H. puniceus* ist eine wesentlich kräftigere Art mit bis zu 10 cm breitem Hut und weißer Basis.

H. miniatus **(Kleiner Saftling)** hat einen roten Hut mit feinschorfiger Oberfläche.

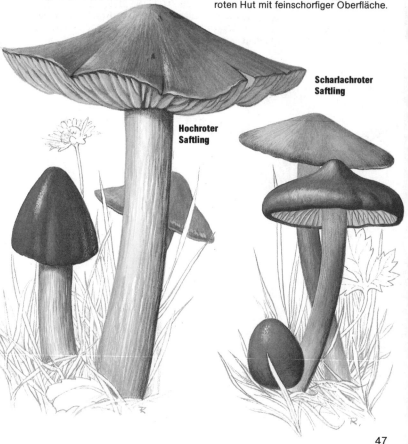

Scharlachroter Saftling

Hochroter Saftling

Orange-Ellerling

(Hygrophorus pratensis)

Hut: 4–6 cm breit, glockig ausgebreitet bis weit ausladend mit einem Buckel in der Mitte, glatt, hellgelbbraun bis lederfarben.
Stiel: 5–6 cm hoch, 6–8 mm dick, gleichfarben wie Hut.
Lamellen: herablaufend, entfernt, blaß lederfarben.
Sporen: weiß.
Standort: im Herbst stellenweise auf grasigen Plätzen. Eßbar. Zu erkennen an der lederbraunen Färbung und den entfernten, herablaufenden Lamellen.

Glasigweißer Ellerling

(Hygrophorus niveus)

Hut: 1,5–2,5 cm breit, glockig ausgebreitet bis weit ausladend; wenn feucht, wässerig-weiß, wenn trocken, matt; geriefter Rand.

Stiel: 2–3 cm hoch, 4–5 mm dick, nach unten zugespitzt; weiß.
Lamellen: herablaufend, entfernt; weiß.
Standort: im Herbst an grasigen Stellen. Häufig. Eßbar. *H. virgineus* ist ähnlich, meist jedoch kräftiger. *H. russo-coriaceus* ist eher blaßgelb und riecht stark wie Leder oder frisch gespitzter Bleistift.

Helmling

(Mycena)

Eine Gattung mit über 100 Arten mit zartem, kegeligem bis glockigem Hut auf sehr langem, zerbrechlichem Stiel. Manche Arten sind kräftiger und recht lederartig mit bis zu 4 cm breiten Hüten *(M. galericulata).* Bei einigen sondert der Stiel an Bruchstellen weiße, rote oder orangefarbene Milch ab. Die Lamellen sind gleichmäßig gefärbt oder am Rand dunkel getupft.

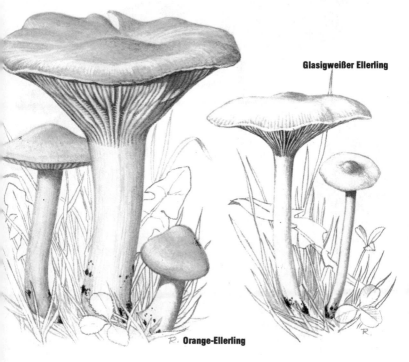

Glasigweißer Ellerling

Orange-Ellerling

Rosablättriger Helmling

Rosablättriger Helmling

(Mycena galericulata)

Hut: 2–4,5 cm breit, glockig ausgebreitet, später flach und in der Mitte gebuckelt, zäh, lederartig, Farbe variierend von graubraun bis lederfarben, Rand gerieft bis leicht gefurcht.

Stiel: 7–10 cm hoch, 3–5 mm dick, zäh, knorpelig, glatt, poliert, graubraun.

Lamellen: breit angewachsen mit herablaufendem Zahn, entfernt, etwas aderig, weißlich, dann fleischfarben.

Geruch: zerkleinerte Exemplare riechen nach Mehl.

Sporen: weiß.

Standort: in Büscheln auf Stümpfen oder aus vergrabenem Holz wachsend. Vereinzelt das ganze Jahr über zu finden, meist aber recht zahlreich im Herbst.

Mycena inclinata unterscheidet sich durch die Hutfarbe und die gelbbraune Basis des Stiels. Bei *M. polygramma* **(Rillstieliger Helmling)** ist der Hut dunkel graubraun, glockig ausgebreitet, 1,5 cm breit, in der Mitte gebuckelt und am Rand gefurcht. Der feste dünne Stiel wird bis zu 10 cm hoch, ist silbrig blaugrau gefärbt und deutlich gerieft. Wächst einzeln auf Stümpfen und Zweigen.

Gelbstieliger Helmling

(Mycena inclinata)

Hut: 1,5–2,5 cm breit, glockig ausgebreitet, recht zäh, dunkel dattelbraun oder graubraun; der geriefte Rand ist leicht gezähnt und ragt über die Lamellen hinaus.

Stiel: bis zu 7 cm hoch, 3 mm dick, zuerst silbrig blaugrau und gerieft, dann aber verblassend und von unten her gelbbraun werdend.

Lamellen: bauchig, breit angewachsen, weißlich, dann fleischfarben.

Geruch: stark ranzig.

Sporen: weiß.

Standort: in dichten Büscheln an alten Baumstümpfen, fast nur an Eichen; angeblich auch an Eßkastanien; einmal mit Sicherheit an einem Pflaumenbaum beobachtet. Stellenweise. Eßbar. Sicher zu erkennen an den Büscheln, die dieser Pilz an Eichen bildet, sowie an den kleinen, dunkelbraunen Hüten auf Stielen mit gelbbrauner Basis.

Gelbstieliger Helmling

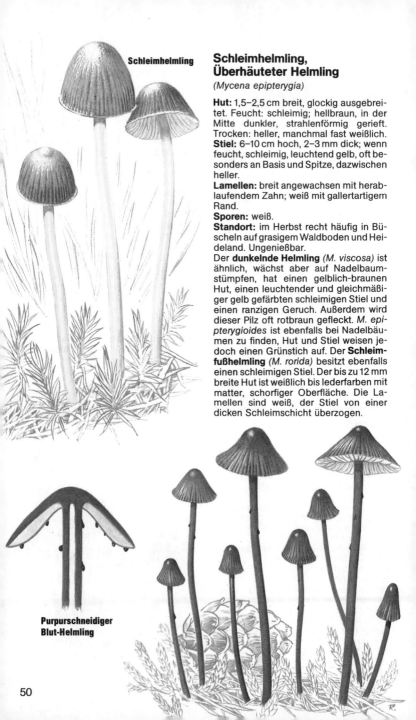

Schleimhelmling

Schleimhelmling, Überhäuteter Helmling
(Mycena epipterygia)

Hut: 1,5–2,5 cm breit, glockig ausgebreitet. Feucht: schleimig; hellbraun, in der Mitte dunkler, strahlenförmig gerieft. Trocken: heller, manchmal fast weißlich.
Stiel: 6–10 cm hoch, 2–3 mm dick; wenn feucht, schleimig, leuchtend gelb, oft besonders an Basis und Spitze, dazwischen heller.
Lamellen: breit angewachsen mit herablaufendem Zahn; weiß mit gallertartigem Rand.
Sporen: weiß.
Standort: im Herbst recht häufig in Büscheln auf grasigem Waldboden und Heideland. Ungenießbar.

Der **dunkelnde Helmling** (M. viscosa) ist ähnlich, wächst aber auf Nadelbaumstümpfen, hat einen gelblich-braunen Hut, einen leuchtender und gleichmäßiger gelb gefärbten schleimigen Stiel und einen ranzigen Geruch. Außerdem wird dieser Pilz oft rotbraun gefleckt. M. epipterygioides ist ebenfalls bei Nadelbäumen zu finden, Hut und Stiel weisen jedoch einen Grünstich auf. Der **Schleimfußhelmling** (M. rorida) besitzt ebenfalls einen schleimigen Stiel. Der bis zu 12 mm breite Hut ist weißlich bis lederfarben mit matter, schorfiger Oberfläche. Die Lamellen sind weiß, der Stiel von einer dicken Schleimschicht überzogen.

Purpurschneidiger Blut-Helmling

Purpurschneidiger
Blut-Helmling
(Mycena sanguinolenta)

Hut: 7–10 mm hoch, spitz kegelförmig, dunkelrotbraun mit gerieftem Rand.
Stiel: 3–5 cm hoch, 1–1,5 mm dick, zart; sondert an Schnittstellen roten Saft ab.
Lamellen: bauchig, breit angewachsen, fleischfarben mit dunkelrotem Rand.
Sporen: weiß.
Standort: im Herbst an grasigen Plätzen, unter Farn, oft in der Nähe von Kiefern. Häufig. Charakteristische Merkmale sind der kleine rotbraune Hut, der rotgetupfte Lamellenrand und der rote Saft des Stiels. *M. haematopus* **(Blut-Helmling)** sondert an Schnittstellen im Stiel ebenfalls einen roten Saft ab, wächst jedoch in Büscheln auf Holz; der Hut ist matt graubraun mit weinrotem Schein und weißbereift. Der Stiel ist oben hell, unten dunkelrotbraun. *M. crocata* **(Gelbmilchender Helmling)** wächst auf Zweigen in Buchenwaldboden und sondert einen leuchtend orangefarbenen Saft ab.

Weißmilchender Helmling
(Mycena galopus)

Hut: 1 cm breit, glockig ausgebreitet, hell, in der Mitte braun, strahlenförmig gerieft.
Stiel: bis zu 5 cm hoch, 2 mm dick, unten gräulich, oben fast weiß; sondert an Bruchstellen weiße Milch ab.
Lamellen: angeheftet, weiß.
Sporen: weiß.
Standort: im Herbst in Wäldern, Hecken und auf Heideland. Recht häufig.
Charakteristische Merkmale sind der helle, strahlenförmig braungeriefte Hut und die weiße Milch des Stiels.
M. candida ist eine recht häufig zu findende, rein weiße Variante. Bei *M. leucogala* ist der Hut mehr kegelförmig. Hut und Stiel sind hier außerdem tief dunkelbraun bis fast schwarz. Dies sind die einzigen *Mycena*-Arten mit weißer Milch. Es sei darauf hingewiesen, daß bei alten Exemplaren von *M. galopus* unter Umständen keine Milch im Stiel mehr festgestellt werden kann. Es empfiehlt sich also, **junge** Exemplare auf das Vorhandensein von Milch zu prüfen.

Weißmilchender Helmling

Mycena leucogala

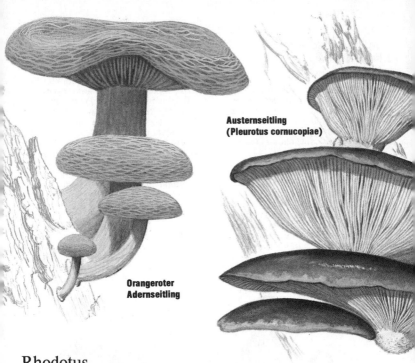

**Austernseitling
(Pleurotus cornucopiae)**

**Orangeroter
Adernseitling**

Rhodotus

Nur eine Art. Fruchtkörper auf Holz wachsend, fleischig, rosa bis aprikosenfarben. Hut mit gallertartiger runzeliger Oberfläche. Zentraler, zäher Stiel. Lamellen breit angewachsen oder nur angeheftet. Lachsroter Sporenstaub.

Orangeroter Adernseitling

(Rhodotus palmatus)

Hut: 3,5–6 cm breit, gewölbt, zuerst rosa, dann aprikosenfarben; kompakt gallertartige, netzartig runzelige Oberfläche.
Stiel: 3–5 cm hoch, 5–10 mm dick, zentral bis leicht exzentrisch, heller als der Hut.
Lamellen: breit angewachsen oder nur angeheftet, breit, entfernt, rötlich.
Fleisch: gleichfarben wie Hut.
Standort: vom Herbst bis in den Frühwinter gelegentlich in Büscheln auf Ulmenstämmen oder abgefallenen Ulmenzweigen. Sehr selten. Leicht zu erkennen, da er auf Holz wächst, auffallend rötlich gefärbt ist und eine gallertartige, runzelige Oberfläche besitzt.

Seitling

(Pleurotus)

Etwa 6 auf Holz wachsende Arten mit einzeln oder in Büscheln auftretenden, zähen, fleischigen, muschelförmigen, konsolenartigen Fruchtkörpern und exzentrischen bis seitenständigen Stielen. Oft sind sie stark zurückgebildet oder rudimentär. Herablaufende Lamellen; weißer bis lilafarbener Sporenstaub.

Korkiger Seitling

(Pleurotus dryinus, syn. P. corticatus)

Hut: bis zu 15 cm breit, einzeln auftretend, muschelförmig oder konsolenartig, weißlich; von hellgrauem Filz überzogen, der besonders in der Nähe des Stiels zu kleinen, unauffälligen Schuppen aufreißt.
Stiel: 3 cm lang, 2–3 cm dick, kurz, stark exzentrisch bis seitenständig, oft aufsteigend, weiß mit schwachem Ring oder schwacher Ringzone.

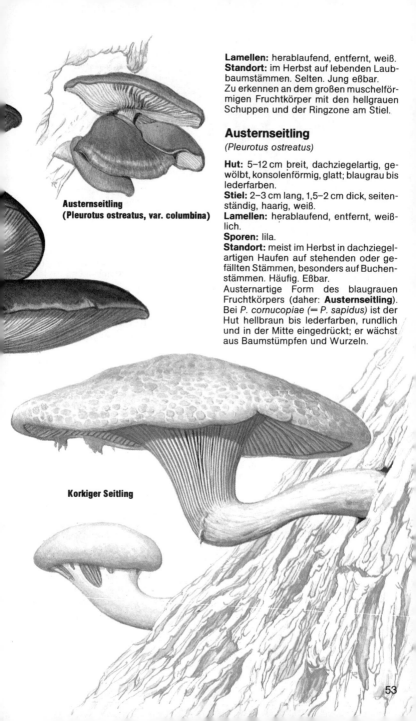

Lamellen: herablaufend, entfernt, weiß.
Standort: im Herbst auf lebenden Laubbaumstämmen. Selten. Jung eßbar.
Zu erkennen an dem großen muschelförmigen Fruchtkörper mit den hellgrauen Schuppen und der Ringzone am Stiel.

Austernseitling
(Pleurotus ostreatus)

Hut: 5–12 cm breit, dachziegelartig, gewölbt, konsolenförmig, glatt; blaugrau bis lederfarben.
Stiel: 2–3 cm lang, 1,5–2 cm dick, seitenständig, haarig, weiß.
Lamellen: herablaufend, entfernt, weißlich.
Sporen: lila.
Standort: meist im Herbst in dachziegelartigen Haufen auf stehenden oder gefällten Stämmen, besonders auf Buchenstämmen. Häufig. Eßbar.
Austernartige Form des blaugrauen Fruchtkörpers (daher: **Austernseitling**). Bei *P. cornucopiae* (= *P. sapidus*) ist der Hut hellbraun bis lederfarben, rundlich und in der Mitte eingedrückt; er wächst aus Baumstümpfen und Wurzeln.

**Austernseitling
(Pleurotus ostreatus, var. columbina)**

Korkiger Seitling

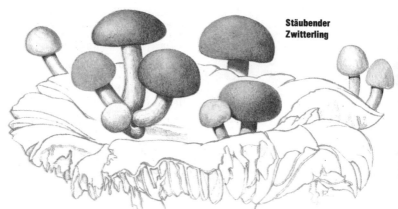

Zwitterling
(Nyctalis)

Zwei Arten, die als Parasiten auf bestimmten **Täublingsarten** wachsen. Kleine und halbkugelförmige Fruchtkörper mit gräulichem oder braungepudertem Hut.

Stäubender Zwitterling
(Nyctalis asterophora, syn. Asterophora lycoperdoides)

Hut: 1,5–2 cm breit, halbkugelförmig, braungepudert.
Stiel: 1–1,5 cm hoch, 2 mm dick, weiß.
Lamellen: fehlen.
Standort: im Herbst in Büscheln auf vermodernden Exemplaren vom **dickblättrigen Schwarztäubling** (*Russula nigricans*). Selten. Wertlos.

Unterscheidet sich von *N. parasitica* durch den gepuderten Hut und die fehlenden Lamellen.

Beschleierter Zwitterling
(Nyctalis parasitica, syn. Asterophora parasitica)

Hut: 1–1,5 cm breit, glockig, flach oder konkav, grau-lila.
Stiel: 1,5–3 cm hoch, 1–2 mm dick, weiß.
Lamellen: breit angewachsen mit herablaufendem Zahn, dick, entfernt, oft verbogen, weiß, später in bräunliches Pulver von Chlamydosporen zerfallend.
Standort: im Herbst in Büscheln auf verschiedenen modrigen **Täublingen** (*Russula*). Selten. Wertlos.
N. asterophora unterscheidet sich durch den braungepuderten Hut und die vollständig fehlenden Lamellen.

Scheidling
(Volvariella)

Zehn kleine bis kräftige Arten. Der Hut ist fleischig, trocken und seidenfaserig bis glatt und klebrig, gewöhnlich weiß, manchmal grau oder leicht gelblich. Der Stiel trägt keinen Ring, hat aber eine gut ausgebildete Volva.

Wolliger Scheidling
(Volvariella bombycina, syn. Volvaria bombycina)

Hut: 6–8 cm hoch, kegelig oder glockig; der ganze Hut ist dicht bedeckt mit seidig-haarigen, oft abstehenden Fasern; weiß bis hellgelb.
Stiel: 7–10 cm hoch, 1 cm dick, weiß.
Scheide: groß, sackartig den Stiel umhüllend, mit deutlich abstehendem Rand, dunkelbraun, außen fleckig.
Lamellen: frei, gedrängt, allmählich rosa.
Sporen: rosa.
Standort: im Herbst auf Holz, meist in hohlen Ulmenstämmen. Selten. Eßbar.

Großer Scheidling
(Volvariella speciosa, syn. Volvaria speciosa, syn. V. gloiocephala)

Hut: 7–12 cm breit, erst kegelförmig, dann gewölbt und gebuckelt, glatt, klebrig, weiß, in der Mitte graubraun.
Stiel: 9–13 cm hoch, 1–1,5 cm dick, schlank, sich nach oben verjüngend, zerbrechlich, weißlich.
Scheide: weißlich, sackartig, aber mit freiem, relativ schmalem Rand, der meist auf die Basis des Stiels herunterfällt.
Lamellen: frei, gedrängt, breit, weiß, später allmählich rosa.
Standort: im Herbst auf Gras, gedüngtem Boden, Kompost. Selten. Eßbar.
Bestimmungsmerkmale sind der große, klebrige, helle Hut mit der braunen Mitte sowie das Vorhandensein einer Volva.
Es gibt auch kleine weiße Arten, z.B. *V. surrecta* **(Parasitischer Scheidling),** der als Parasit auf *Clitocybe nebularis* **(Nebelgrauer Trichterling)** wächst.

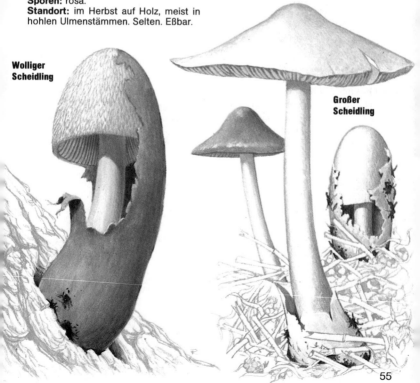

Wolliger Scheidling

Großer Scheidling

Räsling
(Clitopilus)

Die vier Arten zeigen sowohl kleine und zarte Fruchtkörper mit dünnen Hüten als auch fleischige, kräftige Fruchtkörper mit stark herablaufenden Lamellen. Sporenstaub rosa.

Mehlräsling
(Clitopilus prunulus)

Hut: 3–6 cm breit, gewölbt, dann flach, im Schnitt leicht trichterförmig mit ausladendem Rand, glatt, trocken, weiß, manchmal mit Graustich.
Stiel: 3–5 cm hoch, 1–1,2 cm dick, weißlich.
Lamellen: herablaufend, zuerst weißlich, dann rötlich fleischfarben.
Geruch: besonders bei zerbrochenen Exemplaren starker Mehlgeruch.
Sporen: rosa.
Standort: in Wäldern. Häufig. Eßbar.

Dachpilz
(Pluteus)

Die Gattung umfaßt mehr als 30 auf Holz oder auf dem Boden wachsende Arten. Die Hüte sind glatt oder faserig, in der Mitte manchmal leicht schuppig. Manche Arten zeigen leuchtende Gelb-, Orange- oder Grüntöne; gewöhnlich sind die **Dachpilze** aber dunkelbraun oder graugefärbt. Rosafarbener Sporenstaub.

Rehbrauner Dachpilz
(Pluteus cervinus)

Hut: 6–12 cm breit, stark gewölbt, umbra bis rußbraun, oft streifig.
Stiel: 6–10 cm hoch, 9–12 mm dick, weiß, unten mit kleinen dunkelbraunen Fasern.
Lamellen: frei, gedrängt, recht breit, weiß, später rötlich-fleischfarben.
Sporen: rosa.
Standort: vereinzelt, im Herbst, aber auch das ganze Jahr über; auf Baumstümpfen und Sägemehl, oft auch in Gruppen. Häufig. Eßbar.

Rehbrauner Dachpilz

Geflammter Rötling

Sägeblättriger Zärtling

Rötling
(Entoloma)

Diese Gattung umfaßt etwa 25 Arten. *Entoloma*-Arten sind recht kräftige, fleischige, auf dem Boden wachsende Pilze mit rosafarbenen, ausgebuchteten Lamellen und rosafarbenem Sporenstaub.

Geflammter Rötling
(Entoloma clypeatum, syn. Rhodophyllus clypeatus)

Hut: 3–6 cm breit, glockenförmig, dann leicht glockig und in der Mitte gebuckelt, graubraun mit dunklerer, strahlenförmiger Maserung; trocken heller.
Stiel: 4–6 cm hoch, 6–15 mm dick, schmutzig-weiß bis gräulich, mit faseriger Oberfläche.
Lamellen: ausgebuchtet, breit, entfernt, gräulich, später rosa, Rand gewellt.
Fleisch: vollgesaugt gräulich, trocken weiß; zerrieben riecht es nach Mehl.
Sporen: rosa.
Standort: Frühjahr, unter Rosazeen. Eßbar.

Zärtling, Rötling
(Leptonia)

Die Gattung umfaßt etwa 50 kleine, meist auf dem Boden wachsende Arten, die hauptsächlich in kurzhalmigem Gras zu finden sind. Der Hut ist selten breiter als 3 cm, normalerweise gewölbt und in der Mitte nabelförmig eingedrückt. Die Oberfläche ist oft schorfig-faserig oder filzig; der Stiel ist meist lang und schlank.

Sägeblättriger Zärtling
(Leptonia serrulata)

Hut: 2,5 cm breit, gewölbt, in der Mitte oft eingedrückt, blauschwarz mit faseriger Oberfläche, später rauchig-braun.
Stiel: 4–5 cm hoch, 2 mm dick, schlank, stahlblau, Spitze blauschwarz getupft.
Lamellen: zuerst blaugrau; später rötlich, aber mit schwarzgetupftem Rand.
Standort: im Herbst gelegentlich in kurzhalmigem Gras.

Beringter
Flämmling

Flämmling
(Gymnopilus)

Neun Arten mit goldgelben bis kräftig lohfarbenen Hüten.

Geflecktblättriger Flämmling

(Gymnopilus penetrans, syn. Flammula penetrans)

Hut: 3–5 cm breit, glockig ausgebreitet bis flach mit einem Buckel in der Mitte, glatt, goldbraun.
Stiel: 4–5,5 cm hoch, 3–5 mm dick, gerieft, faserig, oben gelb, unten gleichfarben wie Hut, mit weißer Basis, Ring fehlt.
Lamellen: breit angewachsen bis leicht herablaufend, gelb mit rostfarbigen Flecken, später gelbbraun.
Fleisch: im Hut gelb, im Stiel rostbraun.
Sporen: rostbraun.
Standort: im Herbst auf Kiefernzweigen. Recht häufig. Ungenießbar.

Beringter Flämmling

(Gymnopilus iunonius, syn. Pholiota spectabilis)

Hut: 6–12 cm breit, gewölbt, fleischig, leuchtend gelbbraun oder goldgelb; Oberfläche faserig oder zu leicht faserigen Schuppen aufreißend.
Stiel: 7–15 cm hoch, 1,2–3 cm dick, verjüngt sich nach unten, faserig, heller als der Hut, mit hochsitzendem Ring.
Ring: gelblich, hautartig, fällt bald nach unten auf den Stiel.
Lamellen: breit angewachsen, gedrängt, manchmal mit herablaufendem Zahn; gelb, später rostfarben.
Fleisch: blaßgelblich.
Sporen: rostbraun.
Standort: im Herbst in dichten Büscheln am Fuß von lebenden Baumstämmen oder auf Stümpfen von Laubbäumen. Selten. Ungenießbar.

Geflecktblättriger
Flämmling

Goldfellschüppling

Schüppling
(Pholiota)

Etwa 30 auf Holz oder dem Boden wachsende mittelgroße Arten mit glattem oder schuppigem, trockenem oder klebrigem bis schleimigem Hut, der oft leuchtend gelb oder gelbbraun gefärbt ist. Der Sporenstaub ist zigarrenbraun bis rostbraun.

Goldfellschüppling

(Pholiota aurivella)

Hut: 8–15 cm breit, leicht gewölbt, schleimig, tief gelb, in der Mitte rostbraun, von auffallenden, dunkler rostbraunen gallertartigen Schuppen bedeckt.
Stiel: 9–12 cm lang, 1,5 cm dick, mehr oder weniger waagerecht, trocken, faserig, gelblich, unten später bräunlich; mit schnell verblassendem faserigem Ring. Unterhalb des Rings oder der Ringzone ist der Stiel oft mit feinen hellen Fasern oder kleinen, aufgebogenen faserigen Schuppen bedeckt.
Lamellen: breit angewachsen oder ausgebuchtet, breit, hellgelb, später rostbraun.
Fleisch: hellgelb, in der Basis des Stiels braun.
Sporen: rostbraun.
Standort: im Herbst gelegentlich in kleinen Büscheln weit oben an Stämmen von Laubbäumen, besonders an Buchenstämmen, manchmal auch auf umgestürzten Stämmen. Wertlos.

Sparriger Schüppling

(Pholiota squarrosa)

Hut: 6–8 cm breit, trocken, blaß ockergelb mit abstehenden, Schuppen.

Stiel: 6–10 cm hoch, 1–1,5 cm dick; unterhalb des faserigen Rings auch von sparrig abstehenden Schuppen bedeckt.
Lamellen: breit angewachsen mit herablaufendem Zahn, gelb, dann rostfarben.
Fleisch: hell.
Sporen: rostbraun.
Standort: parasitär an Laubbäumen; im Herbst Büschel an Stämmen. Häufig. Ungenießbar, **vielleicht schwach giftig.**

Sparriger Schüppling

Häubling
(Galerina)

Etwa 25 auf dem Boden und auf Holz wachsende Arten. Die Hüte sind selten breiter als 3,5 cm, gewölbt bis glockig ausgebreitet, braun und auffallend gerieft.

Stockschwämmchen

(Galerina mutabilis, syn. Pholiota mutabilis, syn. Kuehneromyces mutabilis)

Hut: 3–6 cm breit, gewölbt bis glockig ausgebreitet; wenn feucht, wässerig dattelbraun mit gerieftem Rand; beim Trockenwerden deutlich von der Mitte aus gelbbraun verfärbend. Halbtrockene Hüte sind deutlich zweifarbig; gelbbraune Mitte, davon scharf kontrastierend eine breite wässerig-braune Randzone.
Stiel: 3–5,5 cm hoch, 3,5–5 mm dick, oben hellgelblich; unterhalb des Rings allmählich dunkelbraun, von helleren abstehenden Schuppen bedeckt.
Lamellen: breit angewachsen mit herablaufendem Zahn, blaß, später zimtbraun.
Sporen: zimtbraun.
Standort: ab Mai in Büscheln auf Stümpfen von Laubbäumen. Häufig. Eßbar.

Ackerling
(Agrocybe)

Zwölf Arten mit glatten, gewölbten bis flachen, ocker-sahne-farbenen oder braunen Hüten. Stiele: dick bis schlank, mit oder ohne Ring. Lamellen lehmbraun, breit angewachsen oder angeheftet. Sporenstaub: dunkelbraun.

Voreilender Ackerling
Frühlingsackerling

(Agrocybe praecox, syn. Pholiota praecox)

Hut: 3–5 cm breit, gewölbt, glatt, blaßgelb, in der Mitte mehr ockerfarben.
Stiel: 5–7 cm hoch, 5–7 mm dick, schlank, weiß, mit Ring.
Ring: hautartig, weißlich.
Lamellen: breit angewachsen, braun.
Fleisch: im Hut weiß, im Stiel braun.
Sporen: lehmbraun.
Standort: im Frühjahr auf Gras und an Straßenrändern. Häufig. Eßbar.

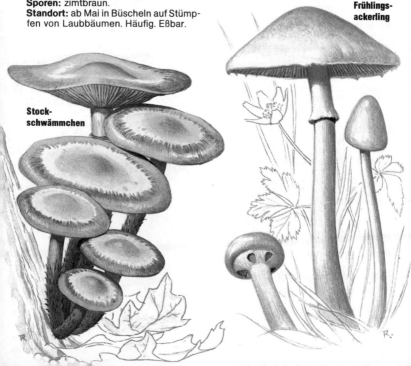

Frühlingsackerling

Stockschwämmchen

R.

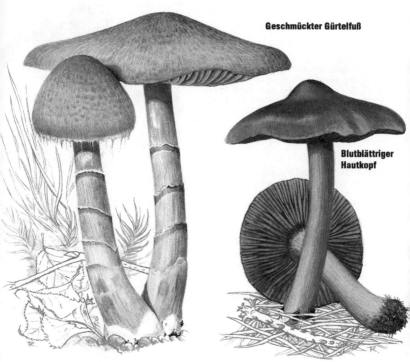

Geschmückter Gürtelfuß

Blutblättriger
Hautkopf

Schleierling
(Cortinarius)

Unsere größte Gattung einzeln wachsender Pilze. Sie umfaßt etwa 300 Arten, die alle durch rostfarbenen Sporenstaub und eine spinnwebartige Cortina (Ringzone) am Stiel gekennzeichnet sind.

Geschmückter Gürtelfuß
(Cortinarius armillatus)

Hut: 6–10 cm breit, flach gewölbt, ziegelrot bis gelbbraun, glatt bis faserig.
Stiel: 7–12 cm hoch, 7–12 mm dick, schlank, faserig mit knolliger Basis, blaßbraun, unten mit ziegelroten Zonen.
Lamellen: breit angewachsen, zimtfarben, später rostbraun.
Sporen: rostbraun.
Standort: im Herbst gelegentlich unter Birken und auf Weiden. Eßbar.
Charakteristisch sind die Größe und die roten Zonen an der Basis des Stiels.

Blutblättriger Hautkopf
(Cortinarius semisanguineus)

Hut: 3–6 cm breit, leicht gewölbt bis flach, fein faserig, braun oder gelblicholivbraun.
Stiel: 4–8 cm hoch, 3–6 mm dick, schlank, gelbbraun, oft mit Olivstich, gelbliche Ringzone.
Lamellen: breit angewachsen, blutrot.
Fleisch: gelbbraun.
Sporen: rostbraun.
Standort: im Herbst in Gruppen in Nadelwäldern. Häufig. Ungenießbar. Der **blutrote Hautkopf** *(Cortinarius sanguineus)* ist an ähnlichen Plätzen zu finden, unterscheidet sich aber durch die dunkel blutrote Färbung von Hut, Stiel und Fleisch.

Runzeliger Schleierling
(Cortinarius pseudosalor)

Hut: 3–5 cm breit, kegelförmig bis glokkig mit gefurchtem, runzeligem Rand, schleimig, violett-braun mit Olivstich.
Stiel: 5–7 cm hoch, 1–1,5 cm dick, verjüngt sich nach unten, oben trocken, weiß; unten von violettem Schleim bedeckt.
Lamellen: breit angewachsen, gedrängt; Verfärbung rostbraun mit violettem Rand.
Sporen: rostbraun.
Standort: im Herbst in Laubwald, unter Buchen. Sehr häufig. Ungenießbar.

Runzeliger Schleierling

Trompetenschnitzling
(Tubaria)

Fünf auf Zweigen oder auf dem Boden wachsende Arten mit ausgebreitetem Hut und breit angewachsenen bis kurz herablaufenden braunen Lamellen.

Winter-Trompetenschnitzling
(Tubaria furfuracea)

Hut: 2,5–4 cm breit, gewölbt, dann flach; feucht: zimtbraun, trocken: gelblich verfärbend; der Rand bleibt lange braun, gerieft und vollgesaugt mit Wasser; am Rand oft helle Flockenschuppen.
Stiel: 3,5–5 cm hoch, heller als der Hut, manchmal mit schwacher Ringzone.
Lamellen: sehr breit angewachsen bis kurz herablaufend, zimtbraun.
Sporen: gelblich-braun.
Standort: im Herbst und Frühwinter sehr häufig; vereinzelt jederzeit auf Zweigen von Laubbäumen und Hecken.

Mistpilz
(Bolbitius)

Nur eine Art. Langer und schlanker, zarter Fruchtkörper mit dünnem, flachem, schleimigem, gefurchtem Hut, dessen Mitte gelb ist; Rand wässerigbraun. Lamellen sind frei oder angeheftet.

Gold-Mistpilz

Winter-Trompeten-schnitzling

62

Gold-Mistpilz

(Bolbitius vitellinus)

Hut: 2,5–3,5 cm breit, zuerst eichelförmig, dann allmählich flach mit stark gefurchtem Rand; Oberfläche glatt, klebrig, zuerst einheitlich chromgelb, später am Rand wässerig-braun und nur noch in der Mitte chromgelb gefärbt.
Stiel: 6–10 cm hoch, 3–5 mm dick; hellgelb mit haariger Oberfläche.
Lamellen: frei bis angeheftet, zimtbraun.
Sporen: rostbraun.
Standort: im Herbst einzeln oder in Gruppen auf gut gedüngtem Gras und in Holzspänen. Stellenweise.

Rißpilz

(Inocybe)

Eine Gattung mit über 86 auf dem Boden wachsenden Arten, die meistens nur mit dem Mikroskop zu bestimmen sind.

Sternsporiger Rißpilz

(Inocybe asterospora)

Hut: 3–4,5 cm breit, gewölbt mit Buckel in der Mitte; braun; zum Rand hin zerreißt die Oberfläche zu radial verlaufenden Fasern auf hellem Grund.
Stiel: 3,5–6 cm hoch, 5 mm dick, zylindrisch, kräftige Knolle, abgesetzter Rand; Oben gerieft, weißbereift, braun, Spitze heller.
Lamellen: angeheftet, zimt bis braun.
Standort: im Herbst Laubwald. **GIFTIG.**
Langer brauner Stiel, kräftige weiße Knolle, brauner, radial-rissiger Hut.

Erdblättriger Rißpilz

(Inocybe geophylla)

Hut: 1–2,5 cm breit, kegel- oder glockenförmig; weiße, seidenfaserige Oberfläche.
Stiel: 2–3,5 cm hoch, 3–4 mm dick, weiß, an der Spitze bereift.
Lamellen: angeheftet, weiß bis braun.
Sporen: lehmbraun.
Standort: im Herbst in Laubwäldern. Häufig. **GIFTIG.**

Violettroter Rißpilz

(Inocybe geophylla lilacina)

Der ganze Fruchtkörper ist lila gefärbt, manchmal gelbliche Hutmitte. Lamellen werden allmählich lehmbraun.

Sternsporiger
Rißpilz

Erdblättriger
Rißpilz

Violettroter
Rißpilz

Fälbling
(Hebeloma)

Über 20 auf dem Boden wachsende Arten. Sie sind meist fleischig, mit glattem, hellgelblichem Hut, der in der Mitte oft ins Braune oder Gelbbraune geht und eine klebrige Oberfläche hat.

Gemeiner Fälbling
(Hebeloma crustuliniforme)

Hut: 3–5,5 cm breit, gewölbt, hell semmelfarben, in der Mitte leicht gelbbraun getönt, Oberfläche klebrig.
Stiel: 3,5–5 cm hoch, 5–8 mm dick, weiß, oben bereift.
Lamellen: ausgebuchtet, später lehmbraun; bei feuchtem Wetter bilden sich am Rand oft tränenartige Tröpfchen (deshalb auch: **Tränender Fälbling**).
Fleisch: weiß, starker Rettichgeruch.
Sporen: lehmbraun.
Standort: im Herbst recht häufig in Laubwäldern. **GIFTIG.**

Krempling
(Paxillus)

Vier Arten, teils auf dem Boden, teils auf Holz wachsend.

Kahler Krempling
(Paxillus involutus)

Hut: 5–11 cm breit, gewölbt, mit stark eingerolltem Rand, später in der Mitte leicht eingedrückt, bei Regenwetter schleimige Oberfläche, gelblich-braun, glatt, zum Rand hin aber oft geädert und flaumig.
Stiel: 6–7 cm hoch, 1–1,2 cm dick, zentral, heller als der Hut, oft gerieft.
Lamellen: herablaufend, gelblich-braun; an Druckstellen werden sie dunkel rotbraun.
Sporen: ockerfarben.
Standort: im Herbst sehr häufig in Heideland, vor allem unter Birken. **GIFTIG.**
Leicht zu erkennen durch seinen Standort unter Birken und durch den braunen, schleimigen Hut mit dem eingerollten, wolligen, geäderten Rand.

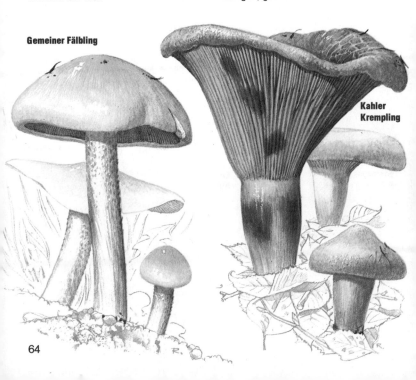

Gemeiner Fälbling

Kahler Krempling

Stummelfüßchen
(Crepidotus)

Die Gattung umfaßt 18 Arten, die auf Holz und Pflanzenstengeln, selten aber auf dem Boden wachsen. Der muschelförmige Hut ist 1–5 cm breit, meistens weiß oder weißlich, gelegentlich wässerig-braun, manchmal mit ablösbarer gallertartiger Haut. Der Sporenstaub ist rötlich-braun bis gelbbraun.

Die kleinen weißen Arten der Gattungen *Pleurotus* und *Pleurotellus* sind durch den weißen Sporenstaub sofort von *Crepidotus* zu unterscheiden.

Gallertfleischiges Stummelfüßchen
(Crepidotus mollis)

Hut: 2–5 cm breit, horizontal, muschelförmig, dachziegelartig wachsend; sitzt direkt auf dem Holz auf, weich, schlaff, blaß gelblich-braun mit gerieftem Rand, trocken heller; gallertartige Oberfläche.
Sporen: gelbbraun.
Standort: im Herbst gelegentlich dachziegelig auf Baumstümpfen. Zu erkennen an den muschelförmigen dachziegeligen Konsolen mit den horizontalen braunen Lamellen und der ablösbaren gallertartigen Oberhaut. Leicht festzustellen, wenn man seitlich auf den Hut blickt, so daß die durchsichtige gallertartige Schicht zwischen den Lamellen zu erkennen ist.
Bei *C. calolepis* ist der Hut von leuchtend rostbraunen faserigen Schuppen bedeckt. Die vielen weißen Arten sind nur durch mikroskopische Untersuchung voneinander zu unterscheiden.

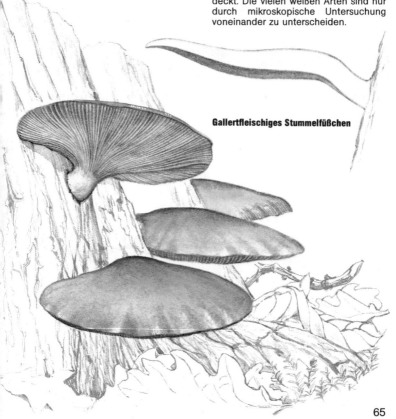

Gallertfleischiges Stummelfüßchen

Tintling
(Coprinus)

Etwa 90 Arten, die auf Mist oder gut-
gedüngtem Boden wachsen, manchmal am Fuß von Baumstümpfen oder
aus Wurzeln, dann oft in Büscheln.
Die Hutoberfläche ist gewöhnlich
weiß oder grau, seltener braun oder in
einer anderen Farbe, mehlig-pulverig
oder von faserigen Schuppen bedeckt.
Die Stiele finden sich mit und ohne
Ring. Die schwarzen Lamellen zer-
fließen gewöhnlich nach ein paar
Stunden zu einer tintenartigen Flüssigkeit.

Rad-Tintling
(Coprinus plicatilis)

Hut: 2–3 cm breit; zuerst eichelförmig,
gelblich-braun und dicht gerieft; dann
flach, grob gefurcht und grau mit einem
gelbbraunen Fleck in der etwas einge-
drückten Mitte; sehr dünn, verwelkt
schnell, fast durchscheinend.
Stiel: 6–8 cm hoch, 3 mm dick, weißlich,
sehr zart.
Lamellen: frei, an einer Manschette um
die Stielspitze angeheftet, kaum zerfließend.
Sporen: schwarz.
Standort: im Herbst in feuchtem Gras, in
Rasen und an Straßenrändern. Häufig.

Schopftintling
(Coprinus comatus)

Hut: 6–14 cm hoch, zylindrisch; öffnet
sich leicht nach unten, später glockenförmig, weiß mit lederfarbenem Fleck in
der Mitte; die Oberfläche ist zu zottigen
Schuppen aufgerissen; der dicht geriefte
Rand verfärbt sich gräulich und ist beim
reifen Pilz dann schwarz. Der ganze Hut
zerfließt allmälich vom Rand her als
schwarze, tintenartige Flüssigkeit.
Stiel: bis zu 30 cm hoch, 1–1,5 cm dick,
weiß mit beweglichem hautartigem Ring
im unteren Teil.
Lamellen: frei, gedrängt, in der Nähe der
Stielspitze weiß, dann rosa und schließlich am Rand schwarz.
Sporen: schwarz.
Standort: im Herbst in Scharen auf
Schuttplätzen, an Straßenrändern, in Feldern und Gärten. Häufig. **Nur eßbar, solange die Lamellen noch nicht zu zer-
fließen beginnen.**

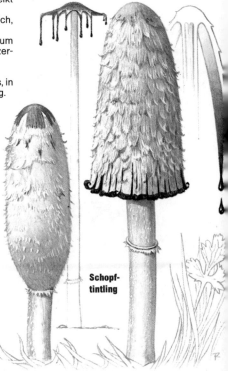

**Rad-
Tintling**

**Schopf-
tintling**

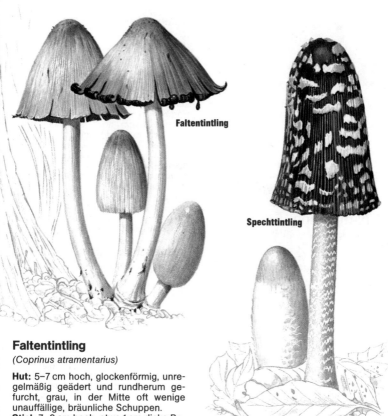

Faltentintling

Spechttintling

Faltentintling

(Coprinus atramentarius)

Hut: 5–7 cm hoch, glockenförmig, unregelmäßig geädert und rundherum gefurcht, grau, in der Mitte oft wenige unauffällige, bräunliche Schuppen.
Stiel: 7–9 cm hoch, etwa 1 cm dicke Basis mit ungleichmäßig verlaufender Ringzone, weiß.
Lamellen: frei, weißlich, später grau und schließlich schwarz, zerfließend.
Sporen: schwarz.
Standort: im Herbst, vereinzelt aber vom Frühling an das ganze Jahr über, in Büscheln neben Laubbaumstümpfen oder aus Wurzeln wachsend, oft in Gärten, Feldern usw. Häufig. Eßbar. **Achtung:** Mit Alkohol genossen verursacht er Übelkeit, da er den Wirkstoff des bei der Alkoholentwöhnung verwendeten Medikaments Antabus enthält.
Dieser kräftige, in Büscheln wachsende Pilz mit den grauen, dann schwarzen Hut ist leicht zu bestimmen. *C. acuminatus* tritt ebenfalls einzeln oder in Büscheln auf, wächst auf Waldboden, ist weniger kräftig und hat einen dunkleren, mehr eiförmigen Hut.

Spechttintling

(Coprinus picaceus)

Hut: 8 cm hoch, oval, dann glockig; die Oberfläche zerreißt zu auffälligen weißen Flecken auf schwarzem Grund.
Stiel: bis zu 25 cm hoch, 1 cm dick, hohl, zerbrechlich, weiß, ohne Ring.
Lamellen: frei, gedrängt, oben weiß, dann rötlich, lederfarben und schließlich am Rand schwarz, leicht zerfließend.
Sporen: schwarz.
Standort: im Herbst in Laubwäldern. Wertlos.
Leicht zu erkennen an dem kräftigen Wuchs und dem Hut mit den weißen Flecken auf schwarzem Grund. Dieser Schwarzweißfärbung verdankt er den Namen **Spechttintling**.

Rasiger Tintling

Champignon, Egerling
(Agaricus)

Etwa 40 auf dem Boden wachsende Arten mit weißem oder braunem Hut. Der Stiel trägt einen hautartigen Ring und ist leicht vom Hut zu lösen. Der Ring ist einfach oder doppelt mit sternförmiger Unterseite. Die Lamellen sind frei, später intensiv rotbraun. Das Fleisch bleibt unverändert, verfärbt sich an Druckstellen gelb oder rot. Der Sporenstaub ist rotbraun oder schokoladenbraun. **Vor dem Verzehr ist unbedingt zu prüfen, ob die Lamellen beim reifen Pilz rotbraun sind und ob der Stiel einen Ring, aber keine Scheide hat.**

Rasiger Tintling
(Coprinus disseminatus, syn. Psathyrella disseminata)

Hut: 5–10 mm hoch, eichelförmig bis halbkugelförmig, · blaßgelblich-lehmfarben, am Rand später gräulich, bis fast zur Mitte dicht gefurcht; mit einer sehr starken Lupe sind auf der Oberfläche feine Härchen zu erkennen.
Stiel: 1–3,5 cm hoch, 1–1,5 mm dick, weiß, sehr zart und brüchig.
Lamellen: breit angewachsen, dunkelgrau bis schwarz, kaum zerfließend.
Sporen: schwarz.
Standort: tritt in Scharen auf, so daß oft ganze Baumstümpfe mit unzähligen kleinen, brüchigen, glockigen, semmelfarbenen Fruchtkörpern überzogen sind. Im Herbst, vereinzelt aber auch das ganze Jahr über. Häufig. Wertlos.

Wiesenchampignon
(Agaricus campestris, syn. Psalliota campestris)

Hut: 4,5–8 cm breit, gewölbt, dann flach, weiß; die Oberfläche reißt oft, vor allem in der Mitte, zu unauffälligen faserigen Schuppen auf.
Stiel: 4–6 cm hoch, 1–1,5 cm dick, kurz, gedrungen, an der Basis zugespitzt, mit Ring.
Ring: schwach ausgebildet, einfach, oft recht schmal und am Rand eingerissen.
Lamellen: frei, zuerst rosa, dann rötlich-braun.
Fleisch: weiß, an Schnittstellen im Stiel manchmal rötlich.
Sporen: rötlich-braun.
Standort: im Sommer und Herbst auf

Wiesenchampignon

Wiesen und Weiden, oft in Hexenringen. Häufig. Eßbar. **Vorsicht!** Zu verwechseln mit giftigem **Karbolchampignon** und sehr giftigem **Knollenblätterpilz.**
Typische Merkmale: der gedrungene Wuchs, die beim jungen Pilz rosafarbenen, später aber rotbraunen Lamellen (beim **Knollenblätterpilz** unverändert weiß!) und der schwach ausgebildete Ring.

Anis-Champignon

(Agaricus arvensis, syn. Psalliota arvensis)

Hut: 6–11 cm breit, halbkugelförmig, später leicht gewölbt, weiß, im Alter oft blaßgelb, bei Berührung manchmal schwach gelb verfärbend, aber nie kräftig gelb.
Stiel: 8–12 cm hoch, 1,5–2 cm dick, schlank, zylindrisch, mit knolliger Basis, weiß mit hautartigem Ring.
Ring: groß, schlaff herabhängend; doppelt; untere Schicht sternartig gespalten.
Lamellen: weiß, dann rötlich-braun.
Fleisch: weiß, verändert sich nicht.
Sporen: rötlich-braun.
Standort: im Herbst in Wiesen, Gärten, oft in Hexenringen. Häufig. Eßbar.

Scheidenegerling Stadtchampignon

(Agaricus bitorquis, syn. A. edulis, syn. Psalliota bitorquis)

Hut: 6–10 cm breit, leicht gewölbt mit eingerolltem Rand, weißlich bis blaß lederfarben.
Stiel: 4–11 cm hoch, 2–3 cm dick; an der Basis von einer Scheide umgeben, die gleichzeitig den unteren Ring bildet.
Ring: doppelt, der obere dicker und besser entwickelt, der untere schmaler und dünner, deutet manchmal eine Scheide an, zerreißt manchmal zu Schuppenringen.
Lamellen: frei; schmutzig-rosa, dann rotbraun.
Fleisch: weiß, an Bruchstellen schwach rötend.
Sporen: rotbraun.
Standort: im Herbst oft unter Bäumen an Straßen und Wegen, wo er manchmal die Asphaltdecke aufbricht. Eßbar.
Typisches Merkmal ist der doppelte Ring, dessen unterer Teil an der Basis sitzt. Der Sporenstaub muß rotbraun sein. Arten, die sich an Druckstellen leuchtend gelb verfärben, sind zu meiden, siehe **Karbolchampignon** *(A. xanthodermus).*

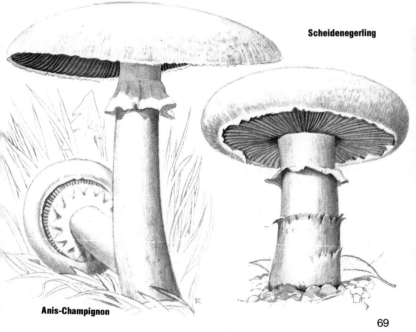

Scheidenegerling

Anis-Champignon

Karbol-champignon

Perlhuhn-Egerling

Karbolchampignon

(Agaricus xanthodermus, syn. Psalliota xanthoderma)

Hut: 5–8 cm breit, zuerst abgeflacht-halbkugelförmig, später glockig ausge-breitet bis leicht gewölbt; weiß; am Rand oft aufgesprungen oder eingerissen, wird bei Verletzung leuchtend gelb.
Stiel: 6–7 cm hoch, 1–1,5 cm dick; zylindrisch mit knolliger Basis; weiß, wird bei Verletzung gelb; mit Ring.
Ring: hautartig.
Lamellen: weißlich, dann grau, schließlich rotbraun.
Fleisch: weiß, wird in der Stielbasis leuchtend gelb.
Sporen: rotbraun.
Standort: im Herbst gesellig auf Weiden, in Wäldern, Gärten und Hecken. Stellenweise. **GIFTIG.**
Diese Art ist leicht zu erkennen an dem weißen Hut, den gelben Flecken und dem Karbolgeruch.

Perlhuhn-Egerling

(Agaricus placomyces, syn. A. meleagris, syn. Psalliota placomyces)

Hut: 5–8 cm breit, leicht gewölbt, in der Mitte etwas eingedrückt; bis auf einen Fleck in der Mitte von kleinen, dichten grauschwarzen Schuppen auf weißem Grund bedeckt; der Fleck ist gleichmäßig grauschwarz. An Druckstellen wird der Hut leuchtend gelb.
Stiel: 7–9 cm hoch, 8–12 mm dick, lang und schlank, weiß, wird an Druckstellen gelb, mit Ring.
Lamellen: zuerst rosa, dann rötlichbraun oder schwarzbraun.
Fleisch: weiß, an der Stielbasis gelb.
Sporen: rötlich-braun.
Standort: im Herbst gelegentlich in Laubwäldern. Ungenießbar. Typische Merkmale sind der dunkle schuppige Hut und die auf Druck entstehenden gelben Flecken.
Agaricus langei **(Großer Waldchampignon)** *A. haemorrhoidarius* **(Blutegerling)** und *A. silvaticus* **(Waldegerling)** sind Arten mit braunem, schuppigem Hut und sich rötendem Fleisch.

70

Träuschling

(Stropharia)

Etwa 15 auf dem Boden wachsende kleine bis mittelgroße Arten, oft mit schleimigem Hut. Stiel mit hautartigem Ring oder abstehender Ringzone. Lamellen ausgebuchtet oder breit angewachsen. Schwarzer Sporenstaub.

Die *Agaricus*-Arten unterscheiden sich durch den trockenen Hut, die freien Lamellen und den rotbraunen Sporenstaub.

Grünspan-Träuschling

(Stropharia aeruginosa)

Hut: 3–5 cm breit, leicht glockig, schleimig, leuchtend blaugrün, zum Rand hin kleine weiße Schuppen auf der Schleimschicht; Schuppen und Schleimschicht verschwinden später; der Hut ist dann gelblich.
Stiel: 4–6 cm hoch, 3–5 mm dick, hochsitzender Ring, darüber glatt und weißlich, darunter blaß blaugrün und geschuppt.
Ring: fällt manchmal ab und bildet dann eine schwärzliche, an den daran haftenden Sporen erkennbare Ringzone.
Lamellen: ausgebuchtet, bräunlich mit weißem Rand.
Sporen: schwarz.
Standort: im Herbst in Laubwäldern und Gärten. Häufig. Eßbar und schmackhaft. Unverkennbar aufgrund der blaugrünen, schleimigen, abziehbaren Huthaut.

Halbkugeliger Träuschling

(Stropharia semiglobata)

Hut: 1–2,5 cm breit, halbkugelförmig, gelb, naß schleimig, trocken glänzend.
Stiel: 4–8 cm hoch, 1–2 mm dick, schlank, dünn, zerbrechlich, mit hochsitzender schwarzer Ringzone, über dem Ring trocken, darunter schleimig.
Lamellen: breit angewachsen, braun.
Standort: im Herbst an gut gedüngten Stellen, zum Beispiel in Gärten und auf Weiden. Stellenweise häufig.
S. merdaria ist ähnlich bis auf den bräunlicheren, flacheren Hut und den völlig trockenen Stiel.

Grünspan-Träuschling

Halbkugeliger Träuschling

71

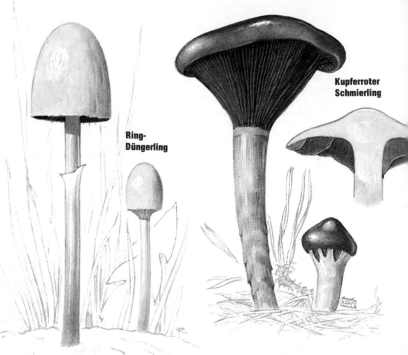

Ring-Düngerling

Kupferroter Schmierling

Düngerling
(Panaeolus)

Zwölf meist kleine Arten mit eichel-
förmigen Hüten und langen, dünnen,
zarten Stielen. Sie wachsen auf gut gedüngten Stellen.

Ring-Düngerling

*(Panaeolus semiovatus, syn.
P. separatus, syn. Anellaria semiovata,
syn. A. separata)*

Hut: 1,5–4 cm hoch, eichel- oder eiförmig, glatt, blaß- bis gräulich-lederfarben,
feucht klebrig, trocken auffällig glänzend.
Stiel: 5–10 cm hoch, 3–5 mm dick,
schlank, zerbrechlich, hochsitzender hautartiger Ring, darüber weißlich,
darunter gleichfarben wie Hut.
Ring: hautartig, fällt bald ab.
Lamellen: breit angewachsen, schwarz,
gefleckt.
Sporen: schwarz.
Standort: im Frühjahr und Sommer auf
Mist. Häufig.

Schmierling, Gelbfuß
(Gomphidius)

Fünf auf dem Boden wachsende mittelgroße Arten, die nur in Nadelwäldern zu finden sind. Schwärzlicher
Sporenstaub. Hut weit ausladend,
manchmal in der Mitte gebuckelt;
trocken, klebrig oder schleimig.

Kupferroter Schmierling

(Gomphidius rutilus, syn. G. viscidus)

Hut: 4–8 cm breit, gewölbt, in der Mitte
oft gebuckelt, glatt, klebrig, braun, ins
Purpur oder Weinrote gehend, Rand ein-
gerollt, gelblich oder kupferfarben.
Stiel: 6–10 cm hoch, 1–1,5 cm dick, nach
unten verjüngt, faserig, rötlich-braun wie
der Hut, im oberen Teil breite, wattige, le-
derfarbene Ringzone.
Lamellen: herablaufend, entfernt, gelb-
lich-grau, dann schmutzig-purpurfarben.
Fleisch: strohgelb.
Sporen: schwärzlich.
Standort: im Herbst in Kiefernwäldern.
Häufig. Eßbar.

Faserling, Zärtling
(Psathyrella)

Eine Gattung mit über 60 meist kleinen bis mittelgroßen, auf dem Boden und auf Holz wachsenden Arten. Sporenstaub dunkel-purpurbraun bis fast schwarz. Oft sehr zerbrechlich. Die glockenförmigen oder glockig ausgebreiteten, manchmal auch abgeflachten Hüte sind kahl oder mit weißlichen oder schwärzlichen Schuppen bedeckt. Die Oberfläche trocknet gewöhnlich schnell aus und wird dann sehr hell.

Behangener Faserling

(Psathyrella candolleana, syn. Hypholoma candolleanum)

Hut: 2,5–5 cm breit, leicht glockig bis flach, ocker-sahnefarben bis weißlich, besonders beim trockenen Pilz; beim jungen Pilz hängen am Hutrand feine, gezackte Reste des Velums.
Stiel: 4–6 cm hoch, 4–5 mm dick, weiß, hohl, sehr brüchig.
Lamellen: breit angewachsen, weißlich, dann grau-lila bis bräunlich-schwarz.

Sporen: fast schwarz.
Standort: büschelig auf Holz; Frühjahr bis Herbst. Häufig. Eßbar.
Die hellen, ausgebreiteten, büscheligen, zerbrechlichen Fruchtkörper mit den glänzenden Hüten und den graulilafarbenen Lamellen sind leicht zu bestimmen. *P. hydrophila* (**Wässeriger Faserling**), wächst ebenfalls in dichten Büscheln, ist aber heutzutage nicht mehr so häufig zu finden. Der geriefte, wässerig dattelbraune Hut wird trocken blaßbraun.

Rotschneidiger Zärtling

(Psathyrella gracilis)

Hut: 1,5–2,5 cm breit, glockig; feucht dunkelbraun oder rötlichbraun mit gerieftem Rand, trocken semmelfarben.
Stiel: 8–10 cm hoch, 2 mm dick, sehr schlank, zerbrechlich, rein weiß mit weißen, haarigen Fasern an der Basis.
Lamellen: breit angewachsen, schwärzlich mit rötlichem Rand.
Standort: im Herbst einzeln oder gesellig in Laubwäldern, an Straßenrändern. Häufig. Wertlos. Die wichtigsten Merkmale sind der lange, zerbrechliche weiße Stiel, der kleine, oft helle, glockige Hut mit der glänzenden Oberfläche sowie die dunklen Lamellen mit dem rötlichen Rand.

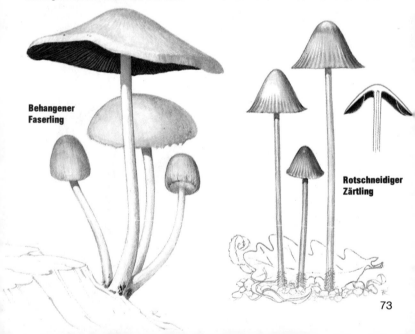

Behangener Faserling

Rotschneidiger Zärtling

Kahlkopf
(Psilocybe)

Etwa 20 meist kleine auf dem Boden wachsende Arten, die in Gras- und Heideland, manchmal auch auf Zweigen und auf Sägemehl zu finden sind. Die rötlichen oder purpurbraunen Lamellen sind mehr oder weniger breit angewachsen.

Spitzkegeliger Kahlkopf
(Psilocybe semilanceata)

Hut: 1–1,5 cm hoch, kegelig mit warzenartiger Spitze, feucht klebrig und blaß-braun; trocken blaß-lederfarben.
Stiel: 3,5–5 cm hoch, 2 mm dick, heller als der Hut, an der Basis manchmal blau.
Lamellen: angeheftet oder breit angewachsen; bauchig; schwarz mit weißem Rand.
Sporen: purpurbraun bis fast schwarz.
Standort: im Herbst oft gesellig in Wiesen, Feldern und in Heideland. Häufig. Leicht giftig, enthält einen halluzinogen wirkenden Stoff.
Charakteristische Hutform!

Lacrymaria

Zwei in Büscheln auftretende Arten, die scheinbar auf dem Boden, in Wirklichkeit aber aus vergrabenem Holz wachsen.

Saumpilz
(Lacrymaria velutina, syn. Hypholoma velutinum)

Hut: 4–6 cm breit, glockig oder gewölbt, gelblich-braun bis lehmbraun, dicht strahlenförmig faserig, mit eingerolltem, fransig wolligem Rand.
Stiel: 6–7 cm hoch, 5–8 mm dick, heller als der Hut, faserig oder schuppig mit deutlicher Ringzone aus weißlichen, wattigen Fasern, die durch die herabfallenden Sporen oft schwarz werden.
Lamellen: angeheftet oder breit angewachsen, fast schwarz, gefleckt; bei feuchtem Wetter hängen an ihrem weißen Rand Wassertröpfchen.
Sporen: fast schwarz.
Standort: vom Frühjahr bis in den Herbst in Laubwäldern; wächst in Büscheln aus Wurzeln oder vergrabenem Holz. Häufig.

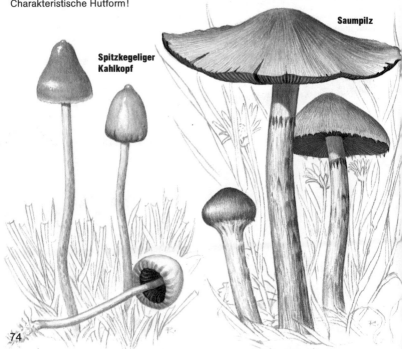

Saumpilz

Spitzkegeliger Kahlkopf

Schwefelkopf
(Hypholoma)

Zwölf Arten, die einzeln, gesellig oder in Büscheln auf dem Boden oder auf Holz wachsen.

Grünblättriger Schwefelkopf
(Hypholoma fasciculare, syn. Naematoloma fasciculare)

Hut: 2–4 cm breit, leicht glockig bis gewölbt, schwefelgelb, in der Mitte etwas dunkler, am Rand Reste des Velums.
Stiel: 4–7 cm hoch, 4–8 mm dick, gleichfarben wie Hut, unten manchmal leicht bräunlich, oben schwach ausgebildete purpurbraune faserige Ringzone.
Lamellen: ausgebuchtet, schwefelgelb, später oliv.
Fleisch: gelb mit bitterem Geschmack.
Sporen: purpurbraun.
Standort: im Herbst, vereinzelt aber das ganze Jahr über, in Büscheln am Fuß von Baumstümpfen. Sehr häufig.
GIFTIG.

Ziegelroter Schwefelkopf
(Hypholoma sublateritium, syn. Naematoloma sublateritium)

Hut: 4–7 cm breit, gewölbt bis flach, ziegelrot, zum Rand hin heller und gelblich; am Rand hängen oft Reste des Velums.
Stiel: 6–9 cm hoch, 8–10 mm dick, faserig, oben gelblich, unten rötlich-braun; oben mit faseriger Ringzone.
Lamellen: breit angewachsen oder ausgebuchtet, gelblich, später grauviolett bis purpurbraun.
Fleisch: gelblich, in der Stielbasis aber rötlich-braun; milder Geschmack.
Sporen: purpurbraun.
Standort: im Herbst gelegentlich an Laubholzstümpfen. Ungenießbar.

Zu erkennen an dem ziegelroten Hut und den Büscheln, die der Pilz am Fuß von Baumstämmen oder -stümpfen bildet.
H. fasciculare unterscheidet sich durch die schwefelgelbe Farbe, die olivgrünen Lamellen und den bitteren Geschmack. Bei Beträufeln mit Ammoniak werden Stiel und Fleisch von *H. fasciculare* leuchtend orange, während *H. sublateritium* in diesem Fall nur leuchtend gelb wird.

Grünblättriger Schwefelkopf

Ziegelroter Schwefelkopf

Röhrenpilze

(Boletaceae)

Fleischige Fruchtkörper mit Hut und zentralem Stiel, der bei manchen Arten einen Ring trägt. Die Unterseite des Hutes ist schwammartig mit winzigen Poren, den Mündungen der dicht stehenden Röhren. In diesen befinden sich die sporenbildenden Basidien.

Strubbelkopf-röhrling

Schmier-Röhrling

(Suillus)

Fruchtkörper mit schmierigem Hut, Stiel mit oder ohne Ring, manchmal oben oder am ganzen Stiel körnig. Immer in Nadelwald.

Goldgelber Röhrling

(Suillus grevillei, syn. Boletus grevillei, syn. B. elegans)

Hut: 5–9 cm breit, leicht gewölbt, in der Mitte oft etwas gebuckelt, später flach, schleimig, zitronengelb bis goldbraun.
Stiel: 6–8 cm hoch, 1–1,5 cm dick, nach unten verjüngt, recht lang und schlank,

Schuppenröhrling

(Strobilomyces)

Nur eine Art mit schwärzlichem Hut, der mit Schuppen bedeckt ist.

Strubbelkopfröhrling

(Strobilomyces floccopus, syn. S. strobilaceus)

Hut: 6–12 cm breit, gewölbt, dicht bedeckt von dicken, schwärzlichen Schuppen auf grauem Grund.
Stiel: 8–12 cm hoch, grauschwarz, unterhalb der Ringzone von Schuppen bedeckt, an der Spitze hell und glatt.
Poren: weit, gräulich, auf Druck rötlich.
Fleisch: Bruch rötlich, dann schwarz.
Standort: im Herbst in Laubwäldern, besonders unter Buchen. Selten. Wertlos.

Goldgelber Röhrling

bräunlich-gelb mit hochsitzendem, weißlichem, hautartigem Ring, der bald
abfällt, so daß dann nur noch eine breite
Ringzone zu erkennen ist.
Poren: schwefelgelb.
Fleisch: im Hut hellgelb, im Stiel intensi-
ver gefärbt; manchmal mit leichter Lilatönung.
Standort: im Herbst immer unter Lär-
chen. Häufig. Eßbar.

Butterpilz

(Suillus luteus, syn. Boletus luteus)

Hut: 7–12 cm breit, glockig, dann ausgebreitet, in der Mitte oft leicht gebuckelt,
feucht schleimig, dunkel schokoladen-
oder rötlich-braun; wird später manchmal rötlich-gelbbraun.
Stiel: 6–8 cm hoch, 1–2 cm dick, über
dem kräftigen Ring gelb mit dunkleren
körnigen Punkten, darunter weißlich oder
schwach bräunlich.
Ring: breit, hautartig, weiß oder gräulich,
später oft dunkel.
Poren: breit angewachsen bis herablaufend, schmutzig-gelb bis tief ockergelb.
Fleisch: weißlich bis hell zitronengelb.
Standort: im Herbst in Kiefernwäldern.
Recht häufig. Eßbar.

Kuhröhrling

(Suillus bovinus, syn. Boletus bovinus)

Hut: 4–7 cm breit, zuerst gewölbt, dann
ausgebreitet, feucht schleimig, lederfarben bis bräunlich-fleischfarben mit hellem Rand.
Stiel: 4,5–7 cm hoch, 6–9 mm dick, nach
unten verjüngt, gleichfarben wie Hut.
Ring: fehlt.
Poren: herablaufend, groß, unregelmäßig; jede einzelne Pore ist durch
Scheidewände in kleinere Poren unter-
teilt; schmutziggelb bis rostbraun.
Fleisch: gelblich oder leicht rosafarben,
im Stiel rötlich.
Standort: im Herbst in Kiefernwäldern.
Häufig. Eßbar. Zu erkennen an der charakteristischen braunen Färbung (daher
Kuhröhrling) und den großen, unterteil-
ten Poren. *S. variegatus* **(Sandröhrling)**
hat einen gelbbraunen Hut, der von dunkelbraunen, faserigen Schüppchen bedeckt ist, einen recht dicken, ähnlich gefärbten Stiel ohne Ring und winzige zimt-
braune Poren.

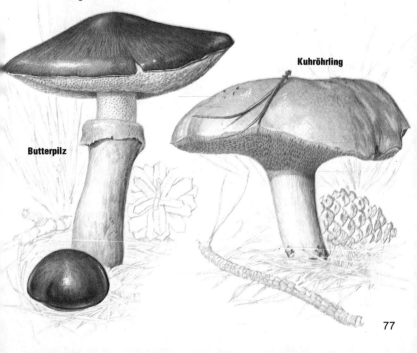

Butterpilz

Kuhröhrling

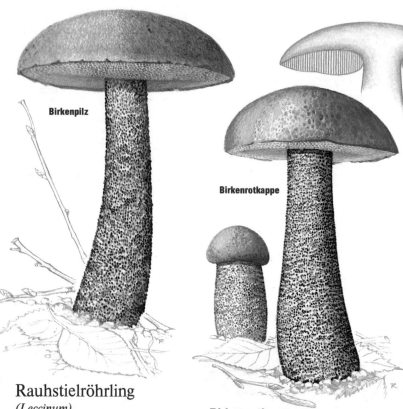

Birkenpilz

Birkenrotkappe

Rauhstielröhrling
(Leccinum)

Charakteristischer Fruchtkörper der Röhrenpilze mit trockenem, gewölbtem Hut. Das Fleisch verfärbt sich oft an Schnittstellen.

Birkenpilz

(Leccinum scabrum, syn. Boletus scaber)

Hut: 5–10 cm breit, gewölbt bis flach gewölbt, graubraun.
Stiel: 8–12 cm hoch, 2–3 cm dick, schlank, zylindrisch, unten oft verdickt, weiß, aber voller schwarzer Schuppen.
Poren: fast frei, winzig, schmutzig braun, an Druckstellen gelblich-braun.
Fleisch: weiß, unveränderlich oder schwach rosa verfärbend.
Standort: im Herbst unter Birken, besonders auf Heideboden. Häufig. Eßbar.

Birkenrotkappe

*(Leccinum versipelle, syn.
L. testaceo-scabrum, syn. Boletus versipellis, syn. B. testaceo-scaber)*

Hut: 6–13 cm breit, gewölbt mit saumartigem Rand, der über die Poren hinausreicht, orangerotbraun.
Stiel: 9–14 cm hoch, 2,5–3 cm dick, lang, zylindrisch, unten leicht verdickt, weiß mit schwarzen flockigen Schuppen.
Poren: fast frei, winzig, gräulich.
Fleisch: weiß, später grauviolett, in der Stielbasis aber blaugrün, schließlich schwarz anlaufend.
Standort: im Herbst unter Birken, besonders auf Heideboden. Häufig. Eßbar.
Leicht zu erkennen an dem leuchtend orangerotbraunen Hut und dem schwarz gepunkteten Stiel. Die **Pappelrotkappe** *(L. aurantiacum)* ist ähnlich, wächst aber unter Pappeln.

Röhrling
(Boletus)

Fleischiger Fruchtkörper. Auf Druck oder im Bruch verfärbt sich das Fleisch oft indigo-blau oder blaugrün. Hut groß bis sehr groß, gewölbt, trocken oder feucht, doch nie auffallend klebrig; filzige oder flaumige, manchmal aufgesprungene Oberfläche. Der Stiel ist dick, zylindrisch oder auffallend knollig, ringlos.

Maronenröhrling
(Boletus badius, syn. Xerocomus badius)

Hut: 6–10 cm breit, gewölbt, dunkelbraun, feucht, etwas klebrig; glänzend, am Rand seidig.
Stiel: 7–8 cm hoch, 1,5–2 cm dick, hellbraun mit dunkleren Streifen.
Poren: breit angewachsen oder angeheftet, klein, blaßgelb bis zitronengelb, auf Druck blaugrün anlaufend.
Standort: im Herbst in Laub- und Nadelwäldern. Häufig. Eßbar. Zu erkennen an dem dunkelbraunen Hut und den blaßgelben Poren, die bei Berührung schnell blaugrün anlaufen.

Rotfußröhrling
(Boletus chrysenteron, syn. Xerocomus chrysenteron)

Hut: 5–7 cm breit, gewölbt, rotbraun, manchmal mit leichter Olivtönung, Huthaut oft felderig gerissen, dort blaß rötlich verfärbend; feinfilzige Oberfläche.
Stiel: 6–8 cm hoch, 1 cm dick, gelblich, unten rot gefärbt.
Poren: angeheftet bis breit angewachsen, groß, erst blaß-, dann olivgelb.
Fleisch: unter der Oberhaut rosa, sonst gelblich, im Stiel oft rötlich; an Schnittstellen schwach blauend.
Standort: im Herbst in Laub- und Nadelwäldern. Häufig. Eßbar.
Zu erkennen an dem rotbraunen Hut, dessen rötliches Fleisch an Rißstellen sichtbar wird. Bei *B. armeniacus* ist der Hut pfirsichfarben, bei *B. rubellus* **(Blutroter Röhrling)** blutrot und bei *B. pruinatus* dunkel-purpurbraun bis fast schwarz mit samtiger Oberfläche und leuchtend gelben Poren. Bei keiner dieser Arten ist die Huthaut felderig aufgerissen.
Auch *B. subtomentosus* **(Ziegenlippe)** ist häufig in Laub- und Nadelwäldern zu finden, unterscheidet sich aber vom **Rotfußröhrling** durch den samtigen, olivbraunen Hut, der bei Berührung dunkelbraun wird; außerdem zeigt der Hut unter der selten reißenden Oberhaut keine rötliche Färbung; der lederfarbene Stiel ist netzartig rostbraun geädert. Die gelben Poren verfärben sich bei Berührung blau.

Maronenröhrling

Rotfußröhrling

Steinpilz
(Boletus edulis)

Hut: 10–16 cm breit, stark gewölbt, normalerweise kastanienbraun.
Stiel: 6–12 cm hoch, 2,5–4 cm dick, zylindrisch, an der Basis manchmal aber bis zu 10 cm dick; hell, zumindest oben weiß genetzt.
Poren: angeheftet, weißlich, später grünlich-gelb.
Fleisch: unveränderlich weiß, im Hut manchmal schwach rosa.
Standort: von Spätsommer bis Herbst in Laub- und Nadelwäldern. Recht häufig. Eßbar und ausgezeichnet. Einer der bekanntesten und beliebtesten Speisepilze. Charakteristische Merkmale sind der braune Hut, die weißlichen Poren und der helle, weißgenetzte Stiel. –
Der **Sommersteinpilz** *(B. aestivalis, syn. B. reticulatus)* unterscheidet sich durch den strohgelben bis gelbbraunen Hut. Der **schwarzhütige Steinpilz** *B. aereus* hat einen schwärzlichen, nicht ins Rötliche gehenden Hut. Der **Kiefernsteinpilz** *(B. pinicola)* hat einen rotbraunen Hut.

Flockenstieliger Hexenröhrling
(Boletus erythropus)

Hut: 7–11 cm breit, gewölbt, trocken, fein samtig, dunkel kastanien- bis rotbraun.
Stiel: 8–11 cm hoch, 1,5–2,5 cm dick, gelb, übersät mit roten Pünktchen.
Poren: frei, winzig, blutrot.
Fleisch: gelb, an Schnitt- oder Druckstellen sofort indigoblau verfärbend.
Standort: schon ab Mai in Laub- und Nadelwäldern. Häufig. Eßbar trotz der erschreckenden Verfärbung des Fleisches. Zu erkennen an dem dunkelbraunen Hut, den blutroten Poren, dem rot gepunkteten Stiel und den sich indigoblau verfärbenden Druck- und Schnittstellen.
B. luridus **(Netzstieliger Hexenröhrling)** ist ähnlich. Der Stiel ist aber auffallend rot genetzt. *B. quelitii* **(Glattstieliger Hexenröhrling)** ist am besten an der purpurroten Basis des Stiels zu erkennen.

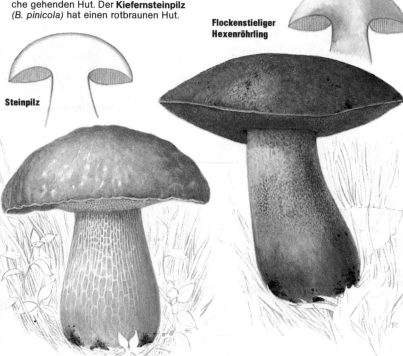

Flockenstieliger Hexenröhrling

Steinpilz

Parasitischer Röhrling

(Boletus parasiticus)

Hut: 3–5 cm breit, gewölbt, dann flach, fein filzig, gelbbraun bis olivfarben.
Stiel: 3–6 cm hoch, 6–8 mm dick, schlank, gebogen, gelblich mit rostroten Streifen.
Poren: breit angewachsen; goldfarben, oft rötlich gefleckt.
Fleisch: gelb, im Stiel rötlich, unveränderlich.
Standort: im Herbst einzeln oder gesellig als Parasit auf Kartoffelbovisten (z.B. auf *Scleroderma citrinum)* auf Sand- oder Heideboden. Selten. Eßbar.

Leicht zu bestimmen auf Grund seines besonderen Standorts; abgesehen von dem in Japan vorkommenden *Xerocomus astereicola,* der auf dem Erdstern *Astraeus hygrometricus* **(Wetterstern)** wächst, ist er der einzige parasitische Röhrenpilz.

Die meisten Röhrenpilze werden gern von *Sepedonium chrysospermum* befallen, einem Schimmelpilz, der sie in ein weißliches Myzel einhüllt und schließlich einen hellgelben Sporenstaub bildet, der die Poren des Röhrenpilzes bedeckt.

Satanspilz

(Boletus satanas)

Hut: 10–18 cm breit, gewölbt, mit eingerolltem Rand, weißlichgrau.
Stiel: 7–12 cm hoch, unten sogar bis zu 12 cm dick, oben gelb, unten rot, auffallend rot genetzt.
Poren: frei, winzig; blutrot.
Fleisch: hellgelb, beim Anschneiden schwach blauend.
Standort: im Herbst in Buchenwäldern auf Kalkboden. Selten. **GIFTIG.**

Hervorstechende Merkmale sind der große Fruchtkörper mit dem hellgrauen Hut, der besonders dicke, rot genetzte Stiel und die roten Poren. Bei *B. satanoides* und *B. purpureus* **(Purpurröhrling)** wird das Fleisch an Schnittstellen tief blau, und am Hutrand zeigen sich bald rötliche Flecken. Der **Schönfuß-Röhrling** *(B. calopus)* unterscheidet sich durch gelbe Poren. Die Stielbasis ist rot wie bei dem **Satanspilz,** der Stiel ist aber weiß oder rötlich genetzt.

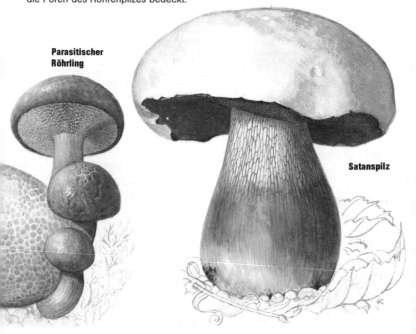

Parasitischer Röhrling

Satanspilz

Löcher- oder Porenpilze

(Polyporaceae)

Diese **Konsolenpilze** sind an den Poren auf der Unterseite des Fruchtkörpers zu erkennen. Die Sporen werden von den in den Röhren sitzenden Basidien gebildet. Die Poren sind die Röhrenmündungen. **Porenpilze** wachsen gewöhnlich auf Holz, entweder mit seitlichem Stiel in sternförmigen Büscheln oder als einzeln oder dachziegelartig wachsende Konsolenpilze von holziger oder lederartiger Beschaffenheit.

Coltricia

Zwei Arten. Auf dem Boden wachsende, bis zu 10 cm breite Fruchtkörper.

Dauerporling

(Coltricia perennis, syn. Polystictus perennis)

Hut: 2–10 cm breit, dünn, lederartig, trichterförmig, benachbarte Fruchtkörper oft miteinander verwachsen, samtige Oberfläche, abwechselnd gelbbraun und rostbraun konzentrisch gezont, zur Mitte hin manchmal zu graubraun verblassend.
Stiel: 3–5,5 cm hoch, 3–6 mm dick, samtig, rostbraun.
Poren: klein; heller als der Stiel, später dunkler; oft seidig schimmernd.
Fleisch: dünn, faserig, braun.
Sporen: hell ockergelb.
Standort: im Herbst auf sandigem Heideboden. Die toten, schwarz gewordenen Fruchtkörper stehen noch monatelang.

Lackporling

(Ganoderma)

Etwa 6 auf Holz wachsende Arten. Dunkelbrauner Sporenstaub.

Flacher Lackporling

(Ganoderma applanatum)

Fruchtkörper: bis zu 30 cm breit; flach, ohne Stiel, konsolenartig, mehrere Jahre überdauernd, unregelmäßg gewellte Oberfläche mit dicker, höckeriger, dunkelbrauner Kruste, konzentrisch gefurcht; braun; dünner, scharfer Rand.
Poren: sehr klein, weißlich, auf Druck braun verfärbend.
Röhren: braun.
Fleisch: faserig, zimtbraun.
Beschaffenheit: sehr hart und holzig.
Sporen: dunkelbraun.
Standort: über mehrere Jahre als Parasit an Stämmen und Stümpfen. Häufig.

Flacher Lackporling (Ganoderma applanatum) – rechts die Unterseite.

Dauerporling

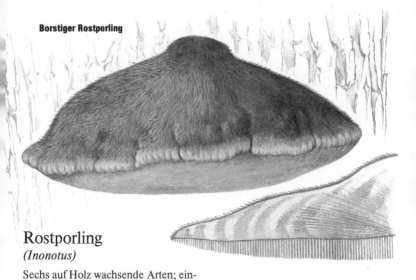

Rostporling
(Inonotus)

Sechs auf Holz wachsende Arten; einjährige, einzeln oder in Schichten wachsende Fruchtkörper mit gelb- bis rostbraunem faserigem Fleisch.

Borstiger Rostporling

(Inonotus hispidus, syn. Polyporus hispidus)

Fruchtkörper: 13–24 cm breit, konsolenförmig, ohne Stiel, jung mit leuchtend gelbbrauner bis rostfarbener samtiger Oberfläche, alt aber schwarz und borstig.
Poren: unregelmäßig, rostbraun, silbrig schimmernd, im Licht glänzend; sondern aus Vertiefungen in der Oberfläche oft wässerige Tröpfchen ab.
Röhren: 3–4 cm tief.
Fleisch: 5–6 cm dick, während des Wachstums braun und wässerig, bei alten Exemplaren trocken.
Sporen: rostfarben.
Standort: im Frühjahr und Sommer einzeln an lebenden Laubbäumen, vor allem an Eschen, meist weit oben am Stamm; auch am Japanischen Schnurbaum, an Apfel- und Walnußbäumen, Platanen und Ulmen. Häufig.

Erlen-Rostporling

(Inonotus radiatus, syn. Polyporus radiatus)

Fruchtkörper: 4–8 cm breit, ohne Stiel, holzig, reihig-dachziegelförmig, Obersei-te samtig, später glatt, gelb- bis rostbraun, oft mit gelbem Rand, alt: schwarz.
Poren: winzig, braun, schillern im Licht.
Fleisch: 1 cm dick, holzig, rostbraun.
Sporen: hell.
Standort: in Schichten an Stümpfen und Stämmen von Laubbäumen, vor allem an Erlen und Birken. Von Sommer bis Herbst. Häufig.

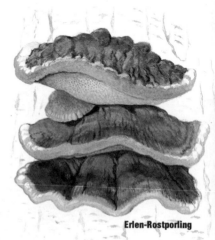

Erlen-Rostporling

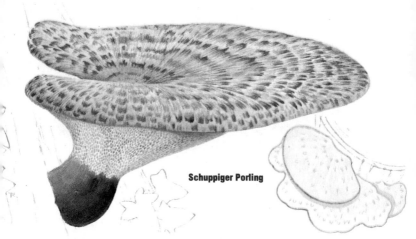

Schuppiger Porling

Porling
(Polyporus)

Etwa 8 auf Holz wachsende Arten; der Stiel ist oft schwarz, zumindest an der Basis. Kleine bis riesige Hüte (1–50 cm breit) mit glatter oder schuppiger Oberfläche.

Schuppiger Porling

(Polyporus squamosus)

Hut: 13–50 cm breit, fächerförmig, hellbraun mit braunen, konzentrischen Schuppenringen.

Stiel: 3–8 cm hoch, 3–8 cm dick, relativ kurz, oben hell und genetzt durch die verkümmerten, herablaufenden Poren, unten schwarz und verdickt.

Poren: weiß bis blaßgelb, sehr groß, 1–3 mm breit.

Fleisch: weiß, weich, bis zu 4 cm dick, mehliger Geruch.

Sporen: weiß.

Standort: als Parasit an abgestorbenen oder lebenden Stämmen von Laubbäumen, besonders an Ulmen, Buchen und Bergahornbäumen, oft in beachtlicher Höhe. Frühjahr bis Sommer. Häufig. Eßbar, aber relativ wertlos.

Typische Merkmale sind der riesige, braungeschuppte Hut, der schwarze Stiel und die großen Poren.

Riesenporling

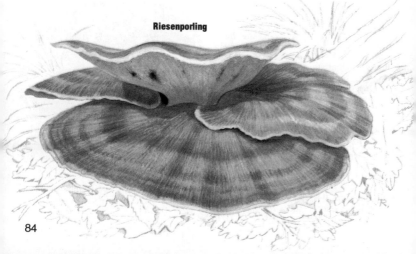

Meripilus

Nur eine auf dem Boden wachsende Art, die am Fuß von Stämmen oder Stümpfen sternförmige Büschel bildet oder aus Wurzeln wächst. Fleisch und Sporen weiß.

Riesenporling

(Meripilus giganteus, syn.
Polyporus giganteus)

Fruchtkörper: bis zu 60 cm breit; besteht aus zahlreichen büscheligen, fleischigen, fächerförmigen Hüten mit gelblicher, schorfiger, körnig-faseriger Oberfläche, die braune, konzentrische Zonen aufweist; Rand stumpf, fleischig.
Poren: bilden sich erst später; die Unterseite bleibt lange glatt; sie ist blaßgelb, verfärbt sich auf Druck rotbraun und wird bei Berührung schließlich schwarz.
Fleisch: weiß, Schnittstellen schwarz
Standort: vom Sommer bis Herbst in großen Büscheln am Fuß von Baumstämmen oder -stümpfen; wächst manchmal auch aus Wurzeln entfernt vom Stamm. Häufig.

Büschelporling
(Grifola)

Zwei Arten, die in Büscheln am Fuß von Stämmen wachsen. Fruchtkörper wie bei *Meripilus,* jedoch dünner und zahlreicher. Bei *G. umbellata* besteht der Fruchtkörper aus vielen Ästen, von denen jeder einen winzigen, 1–4 cm breiten schirmartigen Hut trägt.

Klapperschwamm

(Grifola frondosa, syn. Polyporus frondo-
sus, syn. P. intybaceus)

Fruchtkörper: bis zu 30 cm breit; mit unzähligen kleinen, rauchbraunen Hüten, die gezont, fächerförmig und 3–7 cm breit sind; sie haben einen exzentrischen, weißen, sich nach unten verjüngenden Stiel und eine gemeinsame Basis.
Poren: herablaufend, unregelmäßig, weiß.
Fleisch: dünn, weiß.
Sporen: weiß.
Standort: Sommer und Herbst gelegentlich am Fuß von Laubstämmen und -stümpfen.

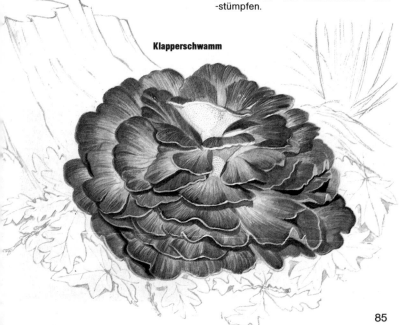

Klapperschwamm

Der Schmetterlingsporling (Coriolus versicolor), einer der häufigsten Porenpilze.

Coriolus

Zwei oder drei Arten, die auf Holz dünne, einjährige, stiellose, lederartige, biegsame Konsolen mit weißem Fleisch und gezonter, filziger oder haariger Oberfläche bilden. Die Fruchtkörper wachsen oft dachziegelartig; Bruchstellen oft von flaumiger Beschaffenheit.

Schmetterlingsporling

(Coriolus versicolor, syn. Polystictus versicolor, syn. Trametes versicolor)

Fruchtkörper: 3–8 cm breit; oft auch breiter, wenn benachbarte Exemplare miteinander verwachsen; dünn, biegsam, stiellos, konsolenförmig; filzige Oberfläche mit zahlreichen Farbzonen: fast schwarz oder blauschwarz über rauchbraun bis gelbbraun oder hellbraun, besonders am Rand. Neben diesen Farbzonen sind oft dunkle, glänzende, glatte, durchscheinende Streifen zu erkennen.
Poren: klein, blaßgelb.
Fleisch: weiß, etwa 2–3 mm dick.
Standort: das ganze Jahr hindurch oft dachziegelartig, manchmal einzeln, an Stümpfen, Stämmen, herabgefallenen Ästen von Laub- und Nadelbäumen, auf Pfählen und Bauholz. Sehr häufig.

Der **Schmetterlingsporling** ist einer der häufigsten Porenpilze und an der filzigen Oberfläche mit den zahlreichen Farbzonen leicht zu erkennen.

Striegelige Tramete

(Coriolus hirsutus, syn. Polystictus hirsutus, syn. Trametes hirsuta)

Fruchtkörper: 7–11 cm breit, stiellos, konsolenförmig mit gleichmäßig lederfarbener bis hellbrauner haarig-samtiger Oberfläche, die gewöhnlich konzentrisch gefurcht ist.
Poren: klein, weißlich oder blaßgelb mit deutlichem Graustich.
Fleisch: weiß; auf der Rückseite bis zu 5 mm dick.
Standort: gewöhnlich auf umgestürzten Buchenstämmen an lichten Waldstellen.

Die striegelige Tramete (Coriolus hirsutus) ist dicker und fester als der Schmetterlingsporling.

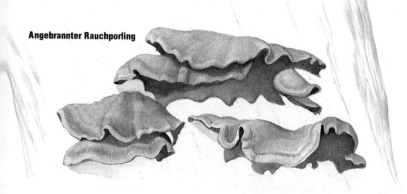

Angebrannter Rauchporling

Hirschioporus

Zwei nur auf Nadelholz wachsende Arten. Konsolenförmige, dünne, biegsame, stiellose Fruchtkörper mit gräulich-lederfarbener, filziger Oberseite. Die Porenschicht ist leuchtend violett, die Poren sind rund oder zu zahnartigen Stacheln verlängert. Weißer Sporenstaub.

Nadelholz-Tramete

(Hirschioporus abietinus, syn. Polystictus abietinus, syn. Trametes abietina)

Fruchtkörper: 2–3,5 cm breit, dünne, lederartige, biegsame Konsolen, oft dachziegelartig angeordnet, Oberseite konzentrisch gefurcht, filzig, graugelb.
Poren: klein, unregelmäßig, leuchtend violett, zu fleischfarben verblassend.
Fleisch: dünn, schwach bräunlich oder rötlich.
Standort: das ganze Jahr über auf umgestürzten Nadelbaumstämmen. Häufig.

Bjerkandera

Zwei auf Laubholz wachsende Arten. Dünne, biegsame Fruchtkörper, oft reihig stehende Konsolen mit blaß lederfarbener, feinfilziger Oberfläche und kleinen, gräulichen Poren.

Angebrannter Rauchporling

(Bjerkandera adusta, syn. Polyporus adustus, syn. Gloeoporus adustus)

Fruchtkörper: 3–7 cm breit, dünne, biegsame, oft reihig stehende Konsolen mit feinfilziger, gleichmäßig lederfarbener bis hellgraubrauner Oberseite.
Poren: klein, aschgrau, trocken nachdunkelnd.
Fleisch: weiß.
Standort: das ganze Jahr über auf totem Laubholz, manchmal dicht dachig auf großen Flächen. Häufig.
Charakteristisch sind die kleinen lederfarbenen Konsolen mit grauen Poren. Durch die Porenfarben unterscheidet sich der **Rauchporling** vom **Schmetterlingsporling** *(Coriolus versicolor),* der oft gemeinsam mit ihm auftritt.

Nadelholz-Tramete

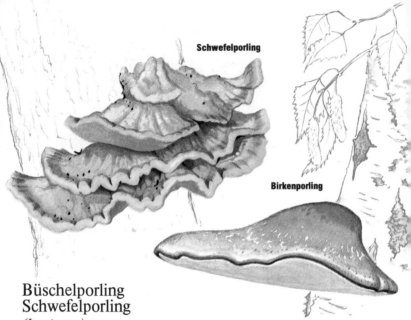

Schwefelporling

Birkenporling

Büschelporling
Schwefelporling
(Laetiporus)

Eine einzige auf Holz wachsende Art, die Büschel von dicken, fleischigen, leuchtend orangefarbenen Konsolen mit schwefelgelbem Rand bildet. Fleisch anfangs gelb, dann weißlich. Weißer Sporenstaub.

Schwefelporling

(Laetiporus sulphureus, syn.
Polyporus sulphureus)

Fruchtkörper: bis zu 20 cm breit, besteht aus dicken, fleischigen, dachziegelartig aus einer gemeinsamen Basis wachsenden Konsolen; zuerst orangefarben mit stumpfem, schwefelgelbem Rand, später nur noch blaßgelb, Oberfläche glatt, aber oft unregelmäßig gewellt.
Poren: zuerst leuchtend schwefelgelb, später verblassend.
Fleisch: zuerst gelblich und saftig, bald weißlich und brüchig werdend.
Standort: an Stämmen lebender Laubbäume, besonders an Eichen, Eiben und Kirschbäumen, aber auch an Edelkastanien und Weiden. Vom Frühjahr bis in den Sommer; die alten, verblaßten Fruchtkörper bleiben oft noch monatelang stehen. Gelegentlich. Sofort zu erkennen, solange der Pilz jung und orangefarben ist.

Piptoporus

Eine einzige große, auf Birkenholz wachsende Art mit glatten, hufförmigen, gräulichen oder hellbraunen Fruchtkörpern mit dünner, ablösbarer Haut. Fleisch dick, weiß, weich. Weißer Sporenstaub.

Birkenporling

(Piptoporus betulinus, syn. Polyporus
betulinus)

Fruchtkörper: bis zu 20 cm breit, hufförmig, an der Basis gelegentlich zu einer Art kurzem Stiel verdickt, Oberfläche von einer gräulichen oder hellbraunen bis braunen, ablösbaren glatten Haut überzogen; Rand eingebogen.
Poren: sehr klein, bilden sich erst später, weiß.
Fleisch: weiß, weich, auf der Rückseite bis zu 7 cm dick.
Standort: als Parasit an lebenden und abgestorbenen Birkenstämmen; einzeln stehende Konsolen, die aber an einem Baum an mehreren Stellen auftreten können. Das ganze Jahr über, häufig. Die glatten, hellen, hufförmigen Konsolen sind sicher zu erkennen.

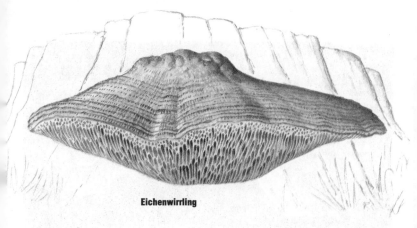

Eichenwirrling

Wirrling
(Daedalea)

Eine einzige, praktisch nur auf Eichenholz wachsende Art mit etwa 2 cm dikken, zähen, korkigen, flachen, konsolenartigen Fruchtkörpern.

Eichenwirrling
(Daedalea quercina)

Fruchtkörper: bis zu 20 cm breit; holzig bis korkig, konsolenartig mit rauher, graubrauner, manchmal ockerfarbener Oberfläche, die konzentrisch gerunzelt und gefurcht ist; manchmal ist sie auch strahlenförmig faserig.
Poren: blaß holzfarben, radial verlängert zu labyrinthartig gewundenen Gängen.
Fleisch: blaß holzfarben, zäh, korkartig.
Standort: Das ganze Jahr über einzeln oder zu mehreren übereinander auf Eichenstümpfen. Häufig.
Der **Eichenwirrling** ist leicht zu bestimmen, da er auf Eichen wächst und labyrinthartig gewundene Röhren hat.

Reischling
(Fistulina)

Eine einzige, praktisch nur auf Eichenholz wachsende Art mit blutrotem Fleisch, das einen roten Saft absondert. Sporenstaub hell ockerfarben.

Leberreischling
(Fistulina hepatica)

Fruchtkörper: bis zu 15 cm breit, einzeln stehend, fächerförmig mit schmalem Ansatz, manchmal mit kurzer stielartiger Basis, leberfarben, auf der Oberseite zum Rand hin von winzigen Warzen bedeckt, die eigentlich verkümmerte Röhren sind; sonst glatt.
Röhren: voneinander getrennt.
Poren: gelblich-fleischfarben.
Fleisch: am Ansatz bis zu 5 cm dick; in Farbe, Struktur und Beschaffenheit an rohes Fleisch oder rohe Leber erinnernd; sondert auch einen roten Saft ab; stark säuerlicher Geschmack.
Standort: im Herbst auf Eichenstümpfen und -stämmen, gewöhnlich in Bodennähe. Selten. Jung eßbar, aber von minderer Qualität.

Der Leberreischling (Fistulina hepatica).

Rotporiger Wirrling (Daedaleopsis confragosa).

Wirrling
(Daedaleopsis)

Eine einzige auf Holz wachsende Art. Fruchtkörper einzeln oder gesellig, aber nicht dachziegelartig. Gezonte, aber glatte Oberfläche. Große, radial verlängerte Poren, die sich auf Druck rot verfärben.

Rotporiger Wirrling

(Daedaleopsis confragosa, syn. Trametes rubescens, syn. Daedalea confragosa)

Fruchtkörper: bis zu 15 cm breit, ausgebreitet, muschelförmig, haftet manchmal mit buckelartig verdickter Basis am Holz;

die Oberfläche ist konzentrisch gefurcht und oft unregelmäßig radial gerunzelt, gezont in helleren und dunkleren Rotbrauntönen; scharfer, oft weißer Rand.

Poren: radial verlängert, schlitzartig, weiß bis schwach grau; solange der Fruchtkörper noch wächst, verfärben sie sich an Druckstellen rot; mit Ammoniak beträufelt werden sie lila; bei alten Exemplaren werden die Poren gleichmäßig rötlichbraun. Weißer Sporenstaub.

Fleisch: weich, gezont, weißlich, dann rötlich- oder hellbraun.

Standort: das ganze Jahr über einzeln oder gesellig; an meist dünnen Stämmen oder Zweigen von Laubbäumen sind oft mehrere Konsolen zu finden; besonders an Weiden. Häufig. Oft scheinen die Konsolen den Stamm oder Zweig zu umgreifen oder zu umwuchern.

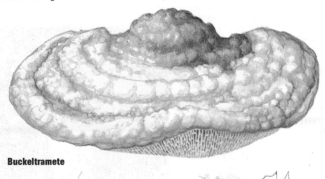

Buckeltramete

Pseudotrametes

Eine einzige auf Holz wachsende Art, die dicke, helle Konsolen mit konzentrisch gefurchter, feinfilziger Oberfläche und stumpfem Rand bildet. Radial verlängerte, schlitzartige Poren, die sich auf Druck nicht verfärben. Fleisch und Sporen weiß.

Buckeltramete

(Pseudotrametes gibbosa, syn. Trametes gibbosa)

Fruchtkörper: bis zu 20 cm breit, gewöhnlich einzeln stehend, Oberfläche feinfilzig, konzentrisch gefurcht, blaß bis gräulich, oft grünlich von Algen; eingebogener stumpfer Rand.
Poren: weiß, radial gestreckt, schlitzartig.
Fleisch: weiß, weich, am Ansatz bis zu 3 cm dick.
Standort: das ganze Jahr über auf Stümpfen von Laubbäumen, besonders auf Buchenholz. Häufig. Die wichtigsten Merkmale sind die dicken, blassen Fruchtkörper mit den unveränderlichen schlitzartigen Poren.

Heterobasidion

Eine einzige auf Holz wachsende Art. Harte, holzige, mehrere Jahre überdauernde Fruchtkörper mit horniger Kruste, schwach geschichteten Röhren, blaßgelbem Fleisch und weißem Sporenstaub.

Wurzelschwamm

(Heterobasidion annosum, syn. Fomes annosus)

Fruchtkörper: bis zu 20 cm breit, hart, holzig, mehrere Jahre überdauernd; manchmal in Form von Krusten ohne freistehende Konsolen, manchmal aber auch mit Konsolen, die sich am Rand der Krusten gebildet haben; die Konsolen sind oft unregelmäßig geformt mit rauher, knorriger, konzentrisch gefurchter Oberfläche; rötlich-braun mit dünnem, weißem, scharfem Rand.
Röhren: schwach geschichtet.
Poren: auffällig, etwas eckig, blaßgelb.
Fleisch: bis zu 1 cm dick, hart, blaßgelb oder holzfarben.
Standort: meist an Wurzeln von Nadelbäumen, aber auch an Stämmen. Gelegentlich auch an Wurzeln von Laubbäumen zu finden, dann aber mit nur schwach ausgebildeten Konsolen; ein berüchtigter Parasit, der die von ihm befallenen Nadelbäume zum Absterben bringt. Das ganze Jahr über. Sehr häufig.

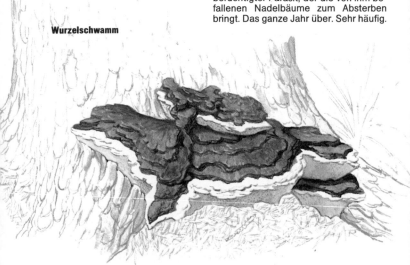

Wurzelschwamm

Stachel- oder Stoppelpilze

(Hydnaceae)

Fruchtkörper mit zentralem oder seitlichem Stiel, sternförmig, konsolenförmig, krustenförmig oder in korallenartigen Büscheln. Die sporenbildende Unterseite ist dicht bedeckt von Stacheln (daher der Name!).

Auriscalpium

Eine einzige, auf vergrabenen Kiefernzapfen wachsende Art mit schlankem, aufrechtem Stiel und einem sehr kleinen, nierenförmigen horizontalen Hut mit stacheliger Unterseite. Weiße Sporen.

Ohrlöffel

(Auriscalpium vulgare, syn. Hydnum vulgare)

Hut: 1–2 cm breit, horizontal, nierenförmig, dunkel dattelbraun, haarig-samtig.
Stiel: 3–5 cm hoch, 2 mm dick, haarig-samtig, gleichfarben wie Hut.
Stacheln: bis zu 3 mm lang, bräunlich-fleischfarben, dann blaugrau.
Standort: im Herbst, auf vergrabenen Kiefernzapfen. Selten.

Stachelpilz

(Hydnum)

Zwei fleischige, auf dem Boden wachsende Arten mit glattem gewölbtem Hut und kurzem, dickem, zentralem Stiel. Dichtstehende weiße bis rötliche Stacheln auf der Hutunterseite. Fleisch und Sporen weiß.

Semmel-Stoppelpilz

(Hydnum repandum, syn. Dentinum repandum)

Hut: 5–10 cm breit, glatt, gewölbt, fleischig, weißlich bis orangerötlich.
Stiel: 4–7 cm hoch, 1,5–2 cm dick, kurz, dick, weißlich; später an der Basis gelblich, manchmal auch an Druckstellen.
Stacheln: bis zu 6 mm lang, weißlich bis lachsrot, am Stiel etwas herablaufend.
Fleisch: weißlich, leicht bitter.
Standort: im Herbst gesellig in Laub- und Nadelwäldern. Eßbar und gut.

Ohrlöffel

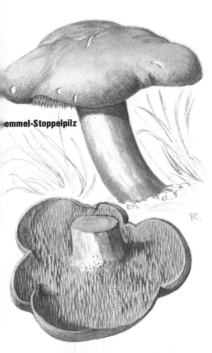

emmel-Stoppelpilz

Stoppelpilz
(Hericium)

Drei weiße auf Holz wachsende Arten mit kissenartigem oder korallenartig verzweigtem Fruchtkörper. Die nach unten gerichteten Stacheln können bis zu 7 cm lang werden. Fleisch und Sporen weiß.

Igel-Stachelbart
(Hericium erinaceum, syn. Hydnum erinaceum)

Fruchtkörper: 8–15 cm breit, mit weißen kissenartigen Schößlingen, deren längliche, nach unten gerichtete Stacheln von der Unterseite an gemessen bis zu 7 cm lang sein können. Die Oberseite ist zum Rand hin oft mit verkümmerten Stacheln besetzt. Im Schnitt sind im Fleisch des Fruchtkörpers einige Hohlräume zu erkennen.
Standort: im Herbst an Buchen. Selten. Diese Pilzart ist an dem höckerigen Fruchtkörper mit den sehr langen Stacheln sicher zu erkennen. Jung eßbar.

Igel-Stachelbart (Hericium erinaceum) *an einer Buche.*

Korallen- und Keulenpilze

(Clavariaceae)

Die **Korallen- und Keulenpilze** wachsen gewöhnlich auf dem Boden oder aus abgefallenen Zweigen. Ihre Form reicht von einfachen Keulen bis zu dichtverzweigten korallenartigen Gebilden. Die Sporen werden entweder nur im oberen Teil der Keule gebildet – der Stiel ist dann steril –, oder der korallenartig verzweigte Fruchtkörper ist zum größten Teil mit den sporenbildenden Basidien überzogen.

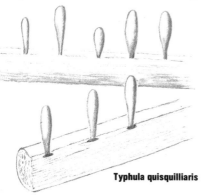

Typhula quisquilliaris

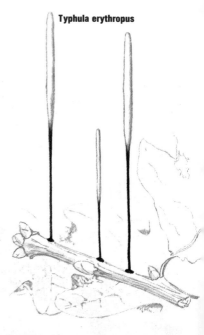

Typhula erythropus

Typhula

Etwa 8 oder 9 zum Teil parasitär auf abgefallenen Pflanzenteilen wachsende Arten. Einfache Keulen, die einige Millimeter bis mehrere Zentimeter hoch werden können. Sie sind meist weiß oder rosa, manchmal ockerfarben, mit zarten Stielen.

Typhula Quisquilliaris

Fruchtkörper: bis zu 6 mm hoch, etwa 1 mm dick, klein, keulenförmig, ohne richtigen Stiel, weiß; wächst aus einem winzigen braunen, flachen, samenartigen Gebilde im Wirtsgewebe.

Standort: im Herbst an abgestorbenen Farnstengeln. Häufig. Dieser Pilz ist leicht zu erkennen, da die winzigen keulenförmigen weißen Fruchtkörper in langen Reihen auf abgestorbenen Farnstengeln stehen. Schneidet man diese Stengel auf, so sind unmittelbar unter der Oberfläche die winzigen flachen, braunen, samenartigen Gebilde im Wirtsgewebe zu erkennen.

Typhula Erythropus

Fruchtkörper: 2–3 cm hoch, etwa 1 mm dick; der zylindrische weiße, keulenförmige Kopf mißt etwa die Hälfte bis ein Drittel der Gesamthöhe.

Stiel: dunkel rötlich-braun bis schwarz, fadenförmig, wächst aus einem kleinen samenartigen Gebilde.

Standort: im Herbst in Laubwäldern im Laub, an Blättern, Stielen, Zweigen. Häufig.

Typische Merkmale sind die kleinen weißen Keulen und der schwärzliche fadenförmige Stiel.

Keulenpilz
(Clavariadelphus)

Vier auf Waldboden wachsende Arten. Fruchtkörper als Keulen.

Herkules-Keule
(Clavariadelphus pistillaris, syn. Clavaria pistillaris)

Fruchtkörper: 10–30 cm hoch, an der Spitze 1–6 cm breit; zigarren- oder keulenförmig und nach oben zu stark verdickt; Oberfläche glatt, aber weiter unten oft mit länglichen Runzeln; ockerfarben; später rötlich oder bräunlich.
Fleisch: weiß, Druckstellen rötlich-braun.
Standort: im Herbst einzeln oder gesellig in Buchenwäldern auf Kalkboden. Selten. Eßbar.

Koralle, Ziegenbart
(Ramaria)

Acht oder neun Arten mit stark verzweigten korallenartigen Fruchtkörpern, die gewöhnlich auf dem Boden wachsen und oft kräftig gefärbt sind. Sporenstaub hellgelb, ockerfarben, zimt- oder rostfarben. Sporen braun.

Steife Koralle
(Ramaria stricta, syn. Clavaria stricta)

Fruchtkörper: bis zu 10 cm hoch, wächst aus einem weißen filzigen Myzel, dicht verzweigt, korallenartig, Zweige zugespitzt, zuerst blaß ockerfarben bis rötlichlederfarben mit hellgelben Zweigspitzen; später bräunlich-ockerfarben mit ähnlich gefärbten Zweigspitzen; bei Berührung werden alle Teile dunkler oder rötlich. Sporen braun, etwas rauh.
Standort: im Herbst auf oder neben Laubbaumstümpfen. Häufig. Wertlos.
Charakteristisch sind die dicht verzweigten, hell ockerfarbenen Fruchtkörper, die sich auf Druck rötlich verfärben und auf oder neben Baumstümpfen wachsen.

Herkules-Keule

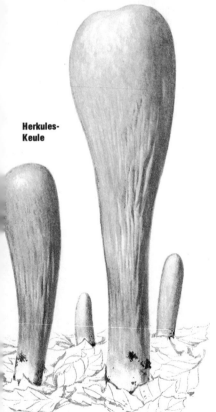

Steife Koralle

95

Koralle

(Clavulina)

Vier auf Waldboden wachsende Arten mit korallenartig verzweigten oder einfachen Fruchtkörpern, die weiß, grau oder lila gefärbt sind. Weißer Sporenstaub.

Runzelige Koralle

(Clavulina rugosa, syn. Clavaria rugosa)

Fruchtkörper: bis zu 8 cm hoch, 5–10 mm breit; einfach keulenförmig, aber meist abgeflacht und länglich gerunzelt, manchmal auch mit einem oder mehreren kurzen Seitenzweigen, die wie die Enden eines Geweihs aussehen.
Standort: im Herbst in Laubwald, oft gesellig. Häufig.

Graue Koralle

(Clavulina cinerea, syn. Clavaria cinerea)

Fruchtkörper: bis zu 9 cm hoch, unregelmäßig verzweigt, korallenartig, grau, Zweigspitzen recht stumpf. Die Fruchtkörper bilden dichte Büschel.
Standort: im Herbst in Laubwald. Häufig. Charakteristisch sind die dichten korallenartigen grauen Büschel.

Kammkoralle

Kammkoralle

(Clavulina cristata, syn. Clavaria cristata)

Fruchtkörper: 1,5–6 cm hoch, korallenartig dicht verzweigt; weiß, Zweigspitzen oft plattgedrückt und kammförmig eingeschnitten.
Standort: im Herbst in Laubwald. Häufig. Die in dichten Büscheln wachsenden weißen, korallenartigen Fruchtkörper mit den kammförmig eingeschnittenen Zweigspitzen sind leicht zu erkennen. Bei manchen Exemplaren ist jedoch nur schwer festzustellen, ob sie zur **Kammkoralle** oder zur **grauen Koralle** gehören.

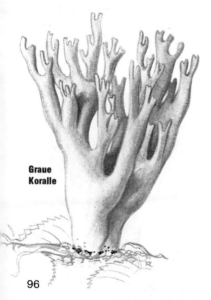

Graue Koralle

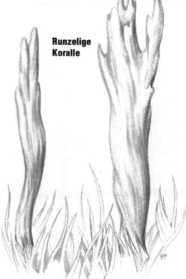

Runzelige Koralle

Koralle

(Clavulinopsis)

Etwa 17 auf dem Boden wachsende Arten mit einfachen oder korallenartig verzweigten Fruchtkörpern, die oft gelb, bei einigen Arten aber auch grau, braun oder weiß gefärbt sind. Sporenstaub weiß bis gelblich.

Wiesenkoralle

(Clavulinopsis corniculata, syn. Clavaria corniculata)

Fruchtkörper: bis zu 7 cm hoch, wiederholt gegabelt, korallenartig, schmächtig, Zweigspitzen halbmondförmig gebogen, recht zäh, eigelb bis ockergelb.
Fleisch: eigelb, an Schnittstellen mehliger Geruch.
Standort: im Herbst oft gesellig in Laubwäldern oder auf grasigen Plätzen. Häufig.

Spindelförmige Keule

(Clavulinopsis fusiformis, syn. Clavaria fusiformis)

Fruchtkörper: bis zu 10 cm hoch; besteht aus dichten Büscheln leuchtend gelber Spindeln, die leicht plattgedrückt und oben zugespitzt sind; sie wachsen aus einer gemeinsamen Basis.
Standort: im Herbst gelegentlich im Gras auf sandigem Heideboden. Die dichten Büschel unterscheiden diese Pilzart von anderen unverzweigten gelben Arten.

Orangegelbe Koralle

(Clavulinopsis helvola, syn. Clavaria helvola, syn. Clavaria inaequalis)

Fruchtkörper: 2–4 cm hoch, 2–3 mm dick, einfach keulenförmig mit stumpfer Spitze, verjüngt sich nach unten zu einer Art sterilem Stiel, leuchtend orangegelb.
Standort: im Herbst gesellig oder in kleinen Gruppen in Gras oder Moos auf Wiesen, auch in Laubwald. Häufig.
Einer der häufigsten Keulenpilze, doch leicht zu verwechseln mit mehreren anderen, selteneren Arten. Daher sollte die Sporenfarbe festgestellt werden.

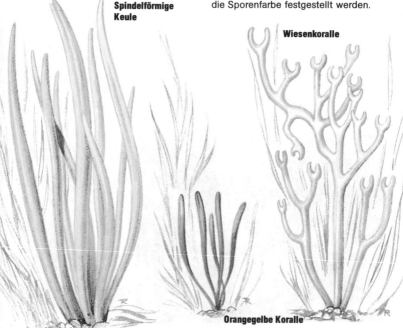

Spindelförmige Keule

Wiesenkoralle

Orangegelbe Koralle

Keulenpilz
(Clavaria)

Etwa 15 einfache, auf dem Boden wachsende Arten. Farben: von weiß über grau bis rosa oder purpurfarben, eine hell-zitronengelbe Art. Sporenstaub weiß.

Gelbstielige Keule

Wurmförmige Keule

Gelbstielige Keule
(Clavaria argillacea)

Fruchtkörper: 3–5 cm hoch, 3–6 mm dick, einfach keulenförmig, hell zitronengelb mit dunklerem, gelbem Stiel.
Standort: im Herbst gesellig im Moos auf Heideboden. Häufig.

Wurmförmige Keule
(Clavaria vermicularis)

Fruchtkörper: bis zu 11 cm hoch; die einfachen, 4–5 mm dicken Spindeln sind hohl, sehr brüchig, weiß und stark zugespitzt; sie wachsen in dichten Büscheln.
Standort: im Herbst auf Gras. Selten.
Die in dichten Büscheln wachsenden, spindelartigen weißen Fruchtkörper sind zwar leicht zu erkennen, doch in manchen Fällen schwer von *C. fumosa* **(Rauchgraue Keule)** zu unterscheiden, deren Fruchtkörper denen von *C. vermicularis* gleichen, aber die charakteristische rauchgraue Färbung zeigen.

Links:
Nierenförmiger Kreiselpilz (Thelephora terrestris); *die kleinen braunen Rosetten mit der filzigen weichen Oberfläche sind gut zu erkennen.*

Rechts: *Krause Glucke* (Sparassis crispa); *wegen ihres blumenkohlartigen Aussehens ist diese Art besonders leicht zu erkennen.*

Schicht- und Rindenpilze

Fruchtkörper auf Holz oder Boden wachsend. Formen: Konsolen, Korallen mit flachgedrückten Zweigen, Rosetten; Unterseite ist glatt, ohne Lamellen, Poren oder Stacheln, höchstens gerunzelt.

Korallenartige
(Sparassis)

Drei Arten: *S. crispa* **(Krause Glucke)** mit den dichten, abgeflachten, gekräuselten Zweigen; *S. laminosa* **(Breitblättrige Glucke)** mit den breiteren und weniger dichtstehenden Zweigen; *S. simplex* mit aufrecht und einzelnen, gestielten und handförmig verbreiterten Zweigen, die aus einer sporenbildenden Kruste wachsen. Sporenstaub ockerfarben.

Krause Glucke
(Sparassis crispa)

Fruchtkörper: bis zu 30 cm breit, blaß lederfarben, blumenkohlartig mit unzähligen winzigen, flachgedrückten gekräuselten Zweigen; eine weiße Basis.
Fleisch: weiß, duftet süßlich.
Standort: im Herbst gelegentlich am Fuß von Nadelbäumen. Eßbar.

Kreiselpilz
(Thelephora)

Etwa 8 oder 9 auf dem Boden wachsende Arten. Fruchtkörper aufrecht, korallenartig, mit abgeflachten Zweigen, stern- oder krustenförmig; überzieht manchmal lebende Pflanzen mit einer Kruste. Sporenstaub dunkelbraun.

Nierenförmiger Kreiselpilz
(Thelephora terrestris, syn. Phylacteria terrestris)

Fruchtkörper: 2–6 cm breit, in Form von kleinen unregelmäßigen, trichterförmigen oder am Boden angedrückten Rosetten, dunkelbraun mit weicher, poröser, filziger, radial-faseriger Oberfläche. Unterseite gerunzelt, rauh, kakaobraun.
Standort: im Herbst auf sandigem Boden und in Nadelwäldern. Häufig.
Zu erkennen an den kleinen braunen Rosetten mit der filzigen Oberfläche.

Schichtpilz
(Stereum)

Sieben auf Holz wachsende Arten mit konsolenförmigen Fruchtkörpern, die oft von einem angedrückten krustenförmigen Teil abstehen, manchmal ganz am Holz angeheftet sind. Oberseite filzig, Unterseite glatt; sondert manchmal an Schnittstellen einen roten Saft ab. Sporenstaub weiß.

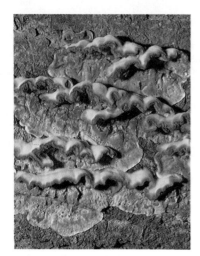

Violetter Schichtpilz
(Chondrostereum purpureum).

Chondrostereum

Eine einzige auf Holz wachsende Art mit dünnem, biegsamem, konsolenartigem Fruchtkörper. Die Oberseite ist filzartig und blaß, die sporenbildende Unterseite ist glatt und purpurfarben.

Violetter Schichtpilz

(Chondrostereum pupureum, syn. Stereum purpureum)

Fruchtkörper: 2–4 cm breit; dünne, biegsame, lederartige Konsolen, die oft aus einem krustenförmigen Teil wachsen; manchmal nur in Form von Krusten zu finden. Die Oberseite ist filzig, ein- oder mehrfach konzentrisch gefurcht, blaß gräulich-lederfarben, oft mit einer dunklen Linie am gewellten Rand. Solange der Pilz wächst, ist die Unterseite leuchtend violett bis purpurfarben, später zu bräunlich verblassend.
Standort: das ganze Jahr über, von Faulstoffen, an verschiedenen Laubbäumen (Stümpfen, Zweigen usw.) oder parasitisch, besonders an Rosaceen lebend. Als Parasit verursacht der Pilz manchmal Silberfärbung der Blätter, zum Beispiel bei der Silberblattkrankheit von Pflaumenbäumen. Sehr häufig.

Zottiger Schichtpilz

(Stereum hirsutum)

Fruchtkörper: 3–6 cm breit, dünn, lederig, konsolenartig mit gewelltem Rand, oft geschichtet, häufig von einem an das Holz angedrückten Teil abstehend; die Oberseite ist zottig-haarig, leicht gezont, gelbbraun bis lederfarben. Solange der Pilz wächst, ist die Unterseite leuchtend gelb, später bräunlich bis graubraun.
Standort: das ganze Jahr über saprophytisch an Stümpfen, umgestürzten Stämmen oder Ästen von Laubbäumen. Sehr häufig. Ungenießbar.
Zu erkennen an den zottig-haarigen, gelblich-braunen Konsolen (mit leuchtend gelber Unterseite), die oft große Flächen bedecken. S. subtomentosum unterscheidet sich durch die hellere, sich auf Druck gelb verfärbende Unterseite.

Zottiger Schichtpilz (Stereum hirsutum).

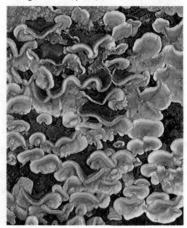

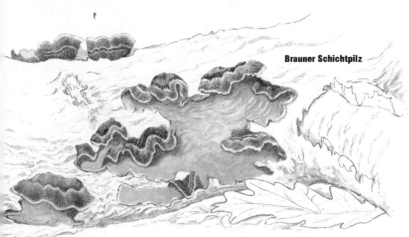

Brauner Schichtpilz

Brauner Schichtpilz

(Stereum gausapatum)

Fruchtkörper: 2–3 cm breit, ähnliche Konsolen wie beim **zottigen Schichtpilz,** aber kleiner und im allgemeinen weniger zahlreich. Oberseite filzig, gezont in rost-, grau- oder gelbbraunen Farben, mit gewelltem, weißlichem (oder ausgebleichtem) Rand. Unterseite schmutzig-braun; an Schnittstellen verfärbt sie sich rot.

Standort: bevorzugt Eichen, abgefallene Äste, Stümpfe. Das ganze Jahr über. Häufig. Zu erkennen an den Konsolen, die bei Verletzung einen blutroten Saft absondern.

Der **blutende Schichtpilz** *S. sanguinolentum* ist eine ähnliche Art, die ebenfalls einen blutroten Saft absondert, aber nur an Stümpfen und abgefallenen Ästen von Nadelbäumen zu finden ist. Die Konsolen sind hier recht dünn, schmal und simsartig mit seidig glänzender brauner Oberseite und hell-graubrauner bis schmutzigbrauner Unterseite.

Runzeliger Schichtpilz

(Stereum rugosum)

Fruchtkörper: in Form von großflächigen, blaßgelben Krusten auf der Unterseite von Ästen; bildet nur manchmal sehr schmale, steife Konsolenkanten mit dunkelbrauner, leicht filziger oder kahler Oberfläche. Bei Verletzungen verfärbt sich die blaßgelbe Krustenfläche rot. Im Bruch sind unter der Lupe die verschiedenen Schichten des Fruchtkörpers zu erkennen.

Standort: an dünnen Stämmen, auf der Unterseite von abgestorbenen oder lebenden Ästen von Laubbäumen, besonders an Haselzweigen. Das ganze Jahr über. Häufig.

Die blaßgelben, bei Verletzung rot verfärbenden Krusten sind charakteristisch für diese Art. Trockene Fruchtkörper müssen im allgemeinen angefeuchtet werden, damit sie sich rot verfärben können.

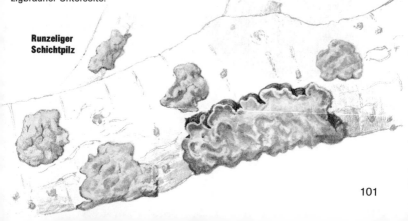

Runzeliger
Schichtpilz

Schichtpilz
(Hymenochaete)

Etwa 6 auf Holz wachsende Arten mit konsolen- oder krustenförmigen, braunen Fruchtkörpern. Fleisch braun. Sporen weiß.

Umberbrauner Borstenschichtpilz
(Hymenochaete rubiginosa)

Fruchtkörper: 4–7 cm breit, geschichtet, konsolenförmig, konzentrisch gefurcht und gerunzelt, dunkelbraun und glatt, jung samtig und rostbraun. Unterseite schokoladenbraun; sieht aus wie gewachst; am Rand rostbraun oder blaßgelb. Braunes Fleisch.
Standort: das ganze Jahr über auf alten Eichenstümpfen. Häufig. Ungenießbar.
Die dicht stehenden dunkelbraunen bis schwärzlichen Konsolen sind dünn, steif und spröde. *H. tabacina* ist eine seltene Art mit konsolenartigen, auf abgefallenen Ästen wachsenden Fruchtkörpern.

Hausschwamm (Serpula lacrimans) an der Wand eines baufälligen Hauses.

Umberbrauner Borstenschichtpilz

Serpula

Zwei auf Holz wachsende Arten, die dicke, weiche, schwammige Konsolen oder Krusten bilden. Die sporenbildende Schicht weist bei beiden rostbraune, graubraune oder olivfarbene »Poren« auf. Rostbraune Sporen.

Hausschwamm
(Serpula lacrimans, syn. Gyrophana lacrimans, syn. Merulius lacrimans)

Fruchtkörper: oft in Form größerer, bis zu 20 cm breiter Krusten; an Stellen mit filzigem oder wattigem Pilzbefall, die weißlich oder gräulich gefärbt sind mit gelben oder rötlichen Flecken. An senkrechten Flächen wachsende Fruchtkörper bilden weiche, schwammige, gräuliche Konsolen, die bis zu 10 cm breit und manchmal lila gefärbt sind. Die sporenbildende Schicht weist große, eckige, flache Poren auf; sie ist zuerst gelblich, dann leuchtend rostbraun gefärbt.
Sporen: rostbraun.
Standort: immer im Inneren von Gebäuden, auf feuchtem Holz, besonders in Kellern; bricht aber manchmal auch aus verputzten Wänden. Das ganze Jahr über. Häufig.

Coniophora

Fünf oder sechs auf Holz wachsende Arten mit krustenförmigem braunem Fruchtkörper und glatter bis höckeriger Oberfläche. Sporenstaub olivbraun oder braun.

Gelber Holzschwamm
(Coniophora puteana)

Gelber Holzschwamm

(Coniophora puteana, syn. C. cerebella, syn. C. laxa)

Fruchtkörper: in Form von großflächigen Krusten mit breitem, weißem bis blaßgelbem, strahlenförmig verlaufendem Rand, der sich deutlich von den sporenbildenden Flächen abhebt. Diese sind oft warzig oder höckerig, zuerst gelblich-ockerfarben, dann braun bis olivfarben.
Sporen: olivbraun.
Standort: großflächig auf abgestorbenen Stümpfen. Das ganz Jahr über. Sehr häufig. Die krustenförmigen Fruchtkörper mit dem breiten, weißen, faserigen Rand und den olivbraunen sporenbildenden Flächen sind gut zu erkennen.
Im Gegensatz zum **Hausschwamm** *(Serpula lacrimans)*, der auch trockenes Bauholz befallen kann, gedeiht der **gelbe Holzschwamm** nur bei Feuchtigkeit.

Phlebia

Etwa 10 Arten. Ursprünglich auf krustenförmige Arten beschränkt, deren sporenbildende Flächen von dichten, strahlenförmig verlaufenden Runzeln oder kurzen Adern durchsetzt sind. Weißer Sporenstaub.

Orangefarbiger Kammpilz

(Phlebia merismoides, syn. P. radiata)

Fruchtkörper: 1,5–5 cm breite Krusten, strahlenförmig gerunzelt, rötlich-fleischfarben mit orangerotem faserigem Rand, manchmal mit klumpiger orangefarbener Mitte. Bei alten Pilzen kann die orangerote Färbung verschwinden.
Fleisch: etwas gallertartig.
Sporen: weiß.
Standort: an umgestürzten Stämmen, besonders an Buchenstämmen. Das ganze Jahr über. Stellenweise.

Orangefarbiger Kammpilz

Gallertpilze
(Tremellales)

Fruchtkörper meist auf Holz wachsend, in den verschiedensten Formen, aber fast immer gallertartig. Bei Trockenheit oft sehr unscheinbar und hornig oder nur als lackartiger Fleck vorhanden. Bei Feuchtigkeit quellen die Fruchtkörper jedoch auf und werden wieder gallertig.

Ohrlappenpilz (Auricularia mesenterica)

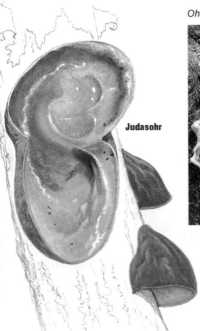

Judasohr

Ohrlappenpilz
(Auricularia)

Zwei auf Holz wachsende Arten. Der gallertige, haarig-samtige Fruchtkörper ist schalen- oder konsolenförmig. Weißer Sporenstaub.

Judasohr
(Auricularia auricula-judae, syn. A. auricula, syn. Hirneola auricula-judae)

Fruchtkörper: 3–10 cm breit, ohrmuschelförmig, dattelbraun, gallertartig, samtig. Die von Falten und Adern durchzogene Innenseite erinnert an eine Ohrmuschel und ist blaß rötlich-braun.
Standort: das ganze Jahr über an Ästen von Laubbäumen, besonders an Holunderästen. Häufig. Eßbar.
Gut zu erkennen aufgrund seiner charakteristischen Form, Farbe und gallertigen Beschaffenheit. Es gibt auch eine **weiße Variante.**

Ohrlappenpilz
(Auricularia mesenterica)

Fruchtkörper: 4–7 cm breit, dicht übereinanderstehende, dicke, gallertartige Konsolen; benachbarte Konsolen verwachsen miteinander; Oberfläche samtig-haarig, hellbraun und braun gezont. Unterseite rötlich und weißbereift, trocken aber schiefergrau bis schwärzlich; besonders zum Rand hin radial gefaltet.
Standort: alte Baumstümpfe, besonders Ulmenstümpfe, sind oft ganz bedeckt mit den dichtstehenden Konsolen. Das ganze Jahr über. Recht häufig. Die gallertigen, samtigen, gezonten Konsolen sind unverkennbar.

Hörnling
(Calocera)

Fünf auf Holz wachsende Arten mit verzweigten oder einfachen zähen, gallertartigen, keulenförmigen Fruchtkörpern. Sporen weiß bis gelblich.

Blasser Hörnling
(Calocera cornea)

Fruchtkörper: 1–1,5 cm hoch, zäh, gallertartig; einfache, gesellig wachsende, blaßgelbe, zugespitzte »Keulen«.
Standort: das ganze Jahr über auf umgestürzten Stämmen. Häufig.
Die typischen, einfachen, gesellig wachsenden, zugespitzten gelblichen Keulen sind auf Laubholz zu finden. *C. furcata* ist ähnlich, wächst aber auf Nadelholz. *C. glossoides* hat einen länglich gerunzelten Kopf, einen gut erkennbaren Stiel und wächst auf umgestürzten Eichenstämmen.

Die schönen gelben Büschel des klebrigen Hörnlings (Calocera viscosa).

Blasser Hörnling

Klebriger Hörnling
(Calocera viscosa)

Fruchtkörper: 4–8 cm hoch, verzweigt, keulenförmig, leuchtend eigelb, von gallertiger Konsistenz; mit gemeinsamer weißer, wurzelartig verlängerter Basis.
Standort: im Herbst auf Nadelbaumstümpfen. Häufig. Ungenießbar.
Zu erkennen an den leuchtend gelben, verzweigten, keulenförmigen Fruchtkörpern auf Nadelbaumstümpfen. Im Unterschied zu den echten *Clavaria*-Arten sind sie zäh, brechen nicht bei Berührung.

Zitterpilz
(Tremella)

Etwa 7 oder 8 Arten; auf Holz wachsend als hängende, hirn- oder blattartig geformte Fruchtkörper und als runzelige Pusteln; daneben auch parasitär im Fruchtkörper anderer Pilze (z. B. von *Polyporaceae, Aleurodiscus, Dacrymyces*).

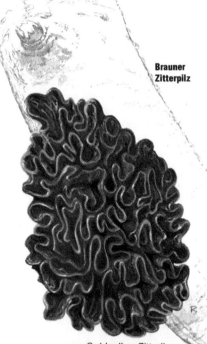

Brauner
Zitterpilz

Brauner Zitterpilz
(Tremella foliacea)

Fruchtkörper: bis zu 7 cm breit, herabhängende, gallertartige, zimt- bis rotbraune, gelappte, gekräuselte Masse.
Standort: im Herbst und Frühwinter auf totem Laubholz. Gelegentlich.

Goldgelber Zitterling
(Tremella mesenterica)

Fruchtkörper: 1,5–5 cm breit, besteht aus einer hängenden, gelben, gallertigen, hirnartig geformten Masse.
Standort: das ganze Jahr über auf toten und abgefallenen Ästen von Laubbäumen und Sträuchern. Häufig.

Goldgelber Zitterling
(Tremella mesenterica)

Gallertträne (Dacrymyces stillatus).

Drüsling
(Exidia)

Etwa 6 auf Holz wachsende Arten mit gallertartigen, scheibenförmigen Fruchtkörpern, die deutlich gestielt und herabhängend oder an einem zentralen Punkt angeheftet sind. Sporenstaub weiß.

Kreiseldrüsling
(Exidia recisa)

Fruchtkörper: 1,5–4 cm breit, herabhängend, kreiselförmig, gallertartig; mit abgeflachter schwärzlicher Scheibe, die von winzigen, am besten unter der Lupe erkennbaren Papillen bedeckt ist. Oberfläche dunkelbraun bis schwärzlich, rauh.
Standort: spät im Jahr an Laubbaumästen. Häufig.

Tränenpilz
(Dacrymyces)

Zehn auf Holz wachsende Arten. Die Fruchtkörper sind klein, selten breiter als einige Millimeter, gallertartig, tropfen- oder kissenförmig, gelblich oder orangefarben. Sporen weiß oder gelblich.

Gallertträne
(Dacrymyces stillatus, syn. D. delinquescens)

Fruchtkörper: 2–6 mm breit, tropfenförmig, gelblich oder orange mit glatter oder gerunzelter Oberfläche.
Standort: das ganze Jahr über an Schnittflächen von Stümpfen und abgefallenen Ästen von Laub- und Nadelbäumen, oft auch auf feuchtem Bauholz (an Zaunpfählen). Sehr häufig.

Kreiseldrüsling

Bauchpilze
(Gasteromycetales)

Zu den **Bauchpilzen** gehören die **Stinkmorcheln,** die **Erdsterne,** die **Hartboviste,** die **Stäublinge** und die **Boviste.** Sie gehören alle in die Gruppe der *Phallales* **(Morcheln),** die im frühen Stadium aus einem eiähnlichen Gebilde mit einer dicken gallertartigen Hülle bestehen. Der Innenteil durchbricht dann diese Hülle, streckt sich rasch empor und ist nach etwa einer Stunde voll entfaltet. Er besteht aus einem porösen Stiel mit einem glockenförmigen, sporenbildenden Hutteil oder mit einer Spitze, die die braune schleimige Sporenmasse trägt. Der Fruchtkörper kann blüten- oder sternförmig sein oder an eine genetzte Hohlkugel erinnern. Er ist oft rosa oder rötlich gefärbt und hat einen starken Aasgeruch. Dadurch werden Insekten angelockt, die den olivfarbenen Sporenschleim verbreiten.

Stinkmorchel

(Phallus)

Zwei auf dem Boden wachsende Arten, die aber mit weißlichen, wurzelartigen Myzelsträngen auf vergrabenem Holz oder vermodernden Pflanzenteilen angeheftet sind. Der rutenförmige Fruchtkörper besteht aus einem Stiel mit einer Volva und einem leicht geneigten, glockenförmigen Hut. Der zerbrechliche Stiel ist hohl und porös. Die Hutoberfläche ist mit olivgrünem Sporenschleim bedeckt. Die von dem starken Aasgeruch angelockten Insekten sorgen für die Verbreitung der Sporen.

Gemeine Stinkmorchel

(Phallus impudicus)

Fruchtkörper: 10–14 cm hoch, in Ausnahmefällen bis zu 30 cm hoch; besteht aus einem leicht geneigten, glockenförmigen Hut auf einem zerbrechlichen weißen, porösen, hohlen Stiel mit einer sackartigen Volva, die von den gallertartigen Überresten der Eihülle gebildet wird.
Hut: weiß mit honigwabenartiger Oberfläche, die erst sichtbar wird, wenn der olivfarbene Sporenschleim von Insekten abgetragen worden ist.
Geruch: starker Aasgeruch, so daß der Pilz schon von weitem an seinem Geruch zu erkennen ist.
Standort: im Sommer und Herbst einzeln oder gesellig in Laubwäldern oder Parks, wo er mit weißen Myzelsträngen an Wurzeln oder vergrabenem Holz angeheftet ist. Häufig. Im eiförmigen Stadium genießbar.
Nicht zu verwechseln auf Grund des phallusartigen Aussehens.

Mutinus

Eine einzige Art mit einem porösen orangefarbenen Stiel, der an der Basis von einer weißen, zylindrischen, gallertartigen Volva umgeben ist. Die Spitze ist von olivfarbenem Sporenschleim bedeckt. Aasgeruch. Sporenverbreitung durch Insekten.

Hundsrute

(Mutinus caninus)

Fruchtkörper: 7–9 cm hoch; poröser, hohler, orangefarbener Stiel, dessen Spitze von olivfarbenem Sporenschleim bedeckt ist und der an der Basis von einer weißen, zylindrischen, gallertartigen Volva umgeben ist.
Geruch: Aasgeruch.
Standort: im Herbst in Laubwäldern zwischen abgefallenen Blättern. Gelegentlich. Form und Farbe sind charakteristische Merkmale.

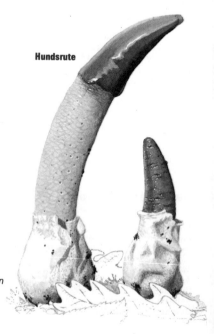

Hundsrute

Links: *Gemeine Stinkmorchel*
(Phallus impudicus).
Der weiße Hut mit der honigwabenartigen
Oberfläche wird erst sichtbar, wenn
der olivfarbene Sporenschleim
von Insekten abgetragen wurde.
Der weiße, poröse Stiel ist hohl.

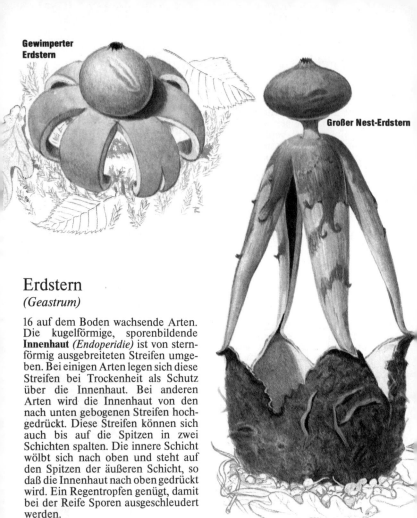

Gewimperter
Erdstern

Großer Nest-Erdstern

Erdstern
(Geastrum)

16 auf dem Boden wachsende Arten.
Die kugelförmige, sporenbildende
Innenhaut *(Endoperidie)* ist von sternförmig ausgebreiteten Streifen umgeben. Bei einigen Arten legen sich diese
Streifen bei Trockenheit als Schutz
über die Innenhaut. Bei anderen
Arten wird die Innenhaut von den
nach unten gebogenen Streifen hoch-
gedrückt. Diese Streifen können sich
auch bis auf die Spitzen in zwei
Schichten spalten. Die innere Schicht
wölbt sich nach oben und steht auf
den Spitzen der äußeren Schicht, so
daß die Innenhaut nach oben gedrückt
wird. Ein Regentropfen genügt, damit
bei der Reife Sporen ausgeschleudert
werden.

Gewimperter Erdstern

(Geastrum rufescens, syn. G. fimbriatum)

Fruchtkörper: entfaltet 2,5–5 cm breit.
Innenhaut: 1,5–2 cm breit, stiellos, kugelförmig, sitzt in der Mitte der Streifen,
glatt, hellbraun, zugespitzte, fransige
Mündung.
Außenhaut: 6–8lappig, flach oder unter
die Innenhaut zurückgebogen, fleischig,
gelblich bis blaß-braun.
Standort: Herbst in Wäldern. Stellenweise.

Großer Nest-Erdstern.

(Geastrum fornicatum)
Fruchtkörper: 4–8 cm breit, 7–10 cm
hoch.
Innenhaut: 1–1,5 cm breit, glatt, kugelförmig, bräunlich; zugespitzte, fransige
Mündung; kurzgestielte Basis.
Außenhaut: 4lappig; die innere Schicht
der Lappen hebt sich von der äußeren ab
und wölbt sich nach oben, so daß sie nur
noch an den Spitzen verbunden sind und
dabei die Innenhaut nach oben drücken.
Standort: im Herbst in Laubwäldern.
Sehr selten.

Ein Wassertropfen fällt auf einen Halskrausen-Erdstern (Geastrum triplex). Daraufhin wird eine Sporenwolke ausgeschleudert.

Kragen-Erdstern

Halskrausen-Erdstern

(Geastrum triplex)

Fruchtkörper: entfaltet 6–10 cm breit.
Innenhaut: bis zu 3 cm breit, glatt, stiellos, kugelförmig, blaß-braun; sitzt in einer Schale, die von der Basis der dickfleischigen Kragenscheibe gebildet wird; beim Wachsen löst sich die **Außenhaut** *(Exoperidie)* ab, spaltet sich in Zungen, die sich nach außen umbiegen.
Außenhaut: 4–8lappig, fleischig, gelblich bis blaßbraun.
Standort: Herbst in Laubwäldern. Selten. Diesen Erdstern erkennt man an seiner beachtlichen Größe, der Vertiefung an der Basis der Endoperidie, der fransigen, abgegrenzten Mündung.

Kragen-Erdstern

(Geastrum striatum, syn. G. bryantii)

Fruchtkörper: entfaltet 3–6 cm breit.
Innenhaut: etwa 1 cm breit, kurzgestielt, abgeflacht oder kugelförmig mit abgeflachter Basis; mit deutlichem Rand oder Kragen an der Basis; die Sporen entweichen aus einer ausgeprägten, spitz zulaufenden, gefurchten Mündung; im reifen Stadium fast schwärzlich.
Außenhaut: bis zu 8 Zungen, die sich unter den Fruchtkörper zurückbiegen.
Standort: im Herbst meist in Nadelwäldern. Selten.
Zu erkennen an der geringen Größe, der dunklen, abgeflachten Endoperidie mit der konischen, gefurchten Mündung und dem Kragen an der Basis.

Halskrausen-Erdstern

111

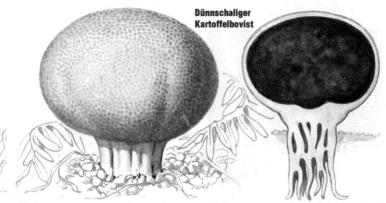

Dünnschaliger Kartoffelbovist

Hartbovist
(Scleroderma)

Sechs auf dem Boden wachsende Arten. Fruchtkörper fast kugelförmig bis leicht abgeflacht oder birnenförmig mit stielartiger Basis von unterschiedlicher Länge und einer festen lederigen bis dicken Hülle.

Dünnschaliger Kartoffelbovist
(Scleroderma verrucosum)

Fruchtkörper: 4–6 cm breit, bis zu 8 cm hoch, kugel- oder birnenförmig; verjüngt sich nach unten zu einem deutlichen, dicken, gerippten Stiel, der mit einem Schopf wattiger Myzelfäden im Boden wurzelt; gelblich-braun; der obere Teil ist dicht bedeckt von kleinen braunen Schuppen. Im Schnitt wird die dünne, biegsame, zähe Außenschicht und die bräunlich-schwarze Sporenmasse dieser Pilzart erkennbar.
Standort: im Herbst auf sandigem Heideboden. Häufig. Ungenießbar.

Gemeiner Kartoffelbovist
(Scleroderma citrinum, syn. S. aurantium, syn. S. vulgare)

Fruchtkörper: 5–10 cm breit, knollenförmig, oben oft etwas abgeflacht; mit dicken, manchmal wattigen Myzelsträngen im Boden verhaftet; gelblich oder ockerfarben mit auffallend rauher, grobschuppiger Oberfläche. Ein Schnitt durch den Fruchtkörper läßt eine dicke weißliche Hülle erkennen, die sich oft rötlich verfärbt. Die von dieser Hülle umschlossene feste Sporenmasse ist rötlich-schwarz und wird bei der Reife pulverig.
Standort: im Sommer und Herbst auf

Gemeiner Kartoffelbovist

sandigen Heide- oder Waldböden. Sehr häufig. Ungenießbar.

Dieser Pilz ist leicht zu erkennen an seiner knolligen Form, dem fehlenden Stiel, der gelblichen Färbung, der schuppigen Oberfläche, der dicken Hülle und der rötlich-schwarzen Sporenmasse. Er wird manchmal von dem Parasiten *Boletus parasiticus* (**Parasitischer Röhrling**, s. S. 81) befallen.

Langermannia

Eine einzige auf dem Boden wachsende Art; sehr großer, kugelförmiger Fruchtkörper mit nur schwach ausgebildeter steriler Basis; mit feinen Myzelfäden locker im Boden verhaftet. Die Außenschicht zerfällt allmählich, so daß die pulverigen braunen Sporen, die in einem wolligen Geflecht von Fäden hängen, zum Vorschein kommen.

Riesenbovist

(Langermannia gigantea, syn. Calvatia gigantea, syn. caelata)

Fruchtkörper: bis zu 30 cm breit, manchmal sogar noch größer; sieht aus wie ein glatter, weißer Ball mit fein-lederiger Oberfläche. Die Innenmasse ist zuerst weiß und fleischig, später gelblich, schließlich olivbraun und wattig, wenn die Sporen reif sind. Der Pilz ist mit feinen Myzelfäden im Boden verhaftet, so daß sich reife Fruchtkörper oft vom Boden lösen und vom Wind verweht werden. Dabei werden dann die Sporen verbreitet.

Standort: im Herbst in Feldern, Gärten und auf Waldboden. Selten. Eßbar, solange das Fleisch noch weiß ist. Zu erkennen an der beachtlichen Größe und der fehlenden sterilen Basis.

Riesenbovist

Calvatia

Zwei auf dem Boden wachsende Arten mit birnen- oder stößelförmigem Fruchtkörper und gut ausgebildeter steriler Basis. Der obere Teil des Fruchtkörpers zerfällt allmählich, so daß die pulverartig-faserige Sporenmasse sichtbar wird.

Hasenstäubling
(Calvatia utriformis, syn. C. caelata)

Fruchtkörper: bis zu 15 cm hoch und fast ebenso breit; oben mehr oder weniger abgeflacht; nach unten zu leicht verjüngt zu einer breiten Basis. Die Außenhaut ist weiß und reißt in regelmäßige, rautenartige Felder auf, die bei der Reife allmählich verschwinden. Dadurch wird dann die darunterliegende braune Sporenmasse sichtbar. Sie ist im oberen Teil des Fruchtkörpers zuerst weiß und fleischig, schließlich aber pulverartig-faserig und olivbraun. Die sterile, poröse Basis bildet etwa ein Drittel des gesamten Fruchtkörpers und wird durch eine Haut vom sporenbildenden Teil getrennt.
Standort: im Herbst auf Grasflächen, Heiden und Sanddünen. Jung eßbar.
Zu erkennen an der Form des Fruchtkörpers und der gefelderten Oberfläche.

Beutelstäubling
(Calvatia excipuliformis, syn. C. saccata, syn. Lycoperdon excipuliforme)

Fruchtkörper: bis zu 12 cm hoch, stößelförmig mit sporenbildendem Kopf und kräftigem sterilem Stiel. Die gräulich-lederfarbene Oberfläche ist im oberen Teil dicht bedeckt mit feinen, schorfigen, weißlichen, haarigen Stacheln und winzigen körnigen Warzen dazwischen. Ein Schnitt durch den sporenbildenden Kopf läßt die olivbraune, pulverartig-faserige Sporenmasse erkennen. Die sterile Basis ist weißlich und porös.
Standort: im Herbst stellenweise auf Weiden, Heiden und in Laubwäldern. Eßbar.
Dieser Pilz ist an dem großen, stößelförmigen Fruchtkörper mit den feinen haarigen Stacheln und den winzigen körnigen Warzen zu erkennen sowie an dem kräftigen sterilen Stiel und dem allmählich zerfallenden oberen Teil des Kopfes.

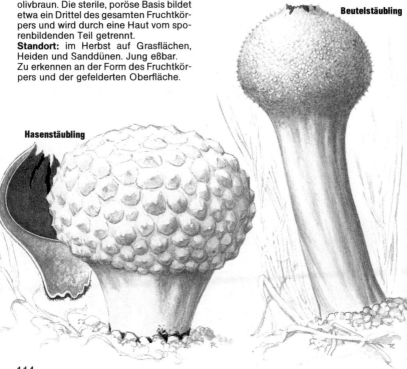

Beutelstäubling

Hasenstäubling

Münzenstäubling

Igel-Stäubling

Vascellum

Eine einzige auf dem Boden wachsende Art mit einem kleinen birnenförmigen Fruchtkörper. Der sporenbildende Kopf ist durch ein Häutchen vom sterilen Stiel getrennt.

Münzenstäubling

(Vascellum pratense, syn. Lycoperdon pratense, syn. L. hiemale, syn. L. depressum)

Fruchtkörper: 2–4 cm breit, birnenförmig mit sporenbildendem Kopf und sterilem Stiel, weiß bis blaßgelb, mit schorfigen weißen Körnchen und kleinen Stacheln bedeckt, die manchmal an den Spitzen miteinander verwachsen sind. Bei der Reife verschwinden die Stacheln und Körnchen. Die Oberfläche ist dann mehr oder weniger glatt, hellbraun und glänzend. Ein Schnitt durch den reifen Fruchtkörper zeigt, daß die dunkel-olivbraune, pulverig-faserige Sporenmasse im Kopf durch ein Häutchen von dem sterilen, porösen Stiel getrennt ist.
Standort: vom Sommer bis in den Herbst in kurzhalmigem Gras auf Weiden und Wiesen, oft in Hexenringen. Stellenweise.

Stäubling
(Lycoperdon)

Sieben oder acht auf dem Boden wachsende Arten mit birnenförmigen Fruchtkörpern, die von Körnchen, Warzen oder Stacheln bedeckt sind. Der Fruchtkörper besteht aus einem Kopf, der die braune, pulverig-faserige Sporenmasse enthält, und aus einem sterilen, porösen Stiel.

Igel-Stäubling

(Lycoperdon echinatum)

Fruchtkörper: 4–8 cm hoch, 4–6 cm breit, birnenförmig; dicht bedeckt von auffallenden, bis zu 5 mm langen, gebogenen Stacheln, die wieder abfallen und auf alten Fruchtkörpern ein Netzmuster hinterlassen.
Stiel: gut ausgeprägt, von kürzeren Stacheln bedeckt, innen gekammert.
Sporenmasse: schokoladenbraun.
Standort: im Herbst stellenweise in Laubwäldern. Wertlos.
Charakteristisch sind die langen, gebogenen braunen Stacheln.

Flaschenstäubling (Lycoperdon perlatum)

Flaschenstäubling

(Lycoperdon perlatum, syn.
L. gemmatum)

Fruchtkörper: bis zu 8 cm hoch und 5 cm breit, keulenförmig mit ausgeprägtem Kopfteil und langem zylindrischem Stiel, weiß bis hellbraun; der Kopfteil ist übersät mit leicht abwischbaren, weißen, eckigen Warzen, die von einem Kranz winziger Körnchen umgeben sind. Wenn bei alten Exemplaren die Warzen verschwunden sind, bilden diese Körnchen auf der Oberfläche ein Netzmuster.
Stiel: innen porös.
Sporenmasse: olivbraun.
Standort: im Herbst einzeln, gesellig oder sogar in kleinen Büscheln in Wäldern. Sehr häufig. Jung eßbar.
Leicht zu erkennen auf Grund der länglichen, keulenförmigen Fruchtkörper mit den weißen eckigen Warzen, die bei Berührung abfallen und auf der Oberfläche das charakteristische Netzmuster hinterlassen.

Birnenstäubling

(Lycoperdon pyriforme)

Fruchtkörper: bis zu 6 cm hoch, 3 cm breit, keulen- oder birnenförmig, oft recht schlank, weißgrau oder blaß bräunlich,

dicht bedeckt von feinen, schorfigen Körnchen.
Stiel: mit kräftigen weißen Myzelsträngen im Boden verhaftet; innen porös, aber recht fein gekammert.
Sporenmasse: grünlich-gelb, dann olivbraun.
Standort: im Herbst gesellig, oft sehr zahlreich auf und in der Nähe von Laubbaumstümpfen. Alte, vertrocknete Exemplare sind das ganze Jahr über zu finden. Sehr häufig. Jung eßbar.

Flaschen-
stäubling

116

Birnenstäubling (Lycoperdon pyriforme)
auf einem alten Baumstumpf.

Bovist
(Bovista)

Sechs auf dem Boden wachsende Arten. Kugelförmiger Fruchtkörper ohne Stiel; bei Reife gefüllt mit pulverartig-faseriger Sporenmasse.

wärzlicher
st

Schwärzlicher Bovist
(Bovista nigrescens)

Fruchtkörper: 3–6 cm breit, kugelig, zuerst weiß; die äußere Hülle zerfällt aber bei der Reife völlig, so daß die darunterliegende, etwas glänzende, schwärzliche innere Hülle sichtbar wird.

Stiel: fehlt; Fruchtkörper mit sehr feinen Myzelfäden im Boden verhaftet, löst sich gewöhnlich von der Unterlage ab. Alte papierartige Exemplare stehen monatelang, werden vom Wind oft weit weggetragen und verbreiten so die Sporen.

Sporenmasse: rötlich-schwarz.

Standort: im Herbst auf Grasflächen und Dünen. Alte, vermoderte Exemplare sind jederzeit zu finden. Jung eßbar.

Die großen schwarzen, papierartigen Fruchtkörper mit der breiten Mündung, die oft einen zurückgebogenen Rand hat, sind leicht zu erkennen.

Der **bleigraue Zwergbovist** *(B. plumbea)*, 1–2 cm breit, ist bleigrau unter der zerfallenden weißen Außenschicht.

117

Schlauchpilze
(Ascomycetes)

Bei den **Schlauchpilzen** besteht das Myzel aus reichverzweigten, septierten Hyphen. Die Sporen entwickeln sich in Asci. Die wichtigsten Gattungen sind *Gyromitra* **(Lorchel)**, *Helvella* **(Lorchel)** und *Peziza* **(Becherling)**. Am beliebtesten sind jedoch *Morchella* **(Morchel)** und *Tuber* **(Trüffel)**, die nicht nur eßbar, sondern sogar äußerst wohlschmeckend sind.

Morchel
(Morchella)

Auf dem Boden wachsende Arten mit konischem oder kugeligem, von wabenartigen Vertiefungen überzogenem Hut und kurzem, fleischigem Stiel. Sie stehen im Frühjahr an Straßenrändern, an Zäunen, im Gebüsch oder auf Schutthaufen.

Speisemorchel
(Morchella esculenta)

Hut: 6–10 cm hoch, rundlich, gelblich-braun; die Vertiefungen sind durch scharfkantige Leisten begrenzt.

Graue
Speisemorchel

Speisemorchel

Stiel: 6–10 cm hoch, weiß-gelblich, fast glatt, an der Basis leicht gefurcht.
Fleisch: ziemlich dick, weißlich, mild.
Standort: wie **Graue Speisemorchel**.
Achtung: Dieser ausgezeichnete Speisepilz darf niemals roh gegessen werden.

Graue Speisemorchel

(Morchella vulgaris, syn. M. deliciosa)

Hut: 3–6 cm hoch, eiförmig, mit zahlreichen kleinen, wabenartigen Vertiefungen überzogen; graubraun mit leichtem Grünschimmer.
Stiel: kurz (2–5 cm), fast glatt, zylindrisch, unten aber deutlich verdickt; hohl, aber festfleischig, gelblich-weiß.
Fleisch: weißlich mit Graustich.
Standort: im Frühjahr in Gärten, feuchtem Gebüsch, entlang an Zäunen und sogar auf Schuttplätzen, meistens aber in der Nähe von Nadelbäumen. Häufig.

Trüffeln
(Tuberales)

Knollenförmige, unterirdisch wachsende Fruchtkörper. Die wichtigste und interessanteste Art, zumindest im Hinblick auf die Schmackhaftigkeit, ist die **Trüffel** *(Tuber)*. Man findet sie im allgemeinen in etwa 10 cm Tiefe, wo sie in kalkreicher Erde mit Eichenwurzeln in Symbiose lebt.

Sommertrüffel

(Tuber aestivum)

Fruchtkörper: 2–6 cm breit; von groben, wabenartigen Warzen bedeckt, schwarzgrau.
Gleba (Innenmasse): grau-violett, von blassen Adern durchzogen.
Standort: eine sehr seltene Art, die nur in kalkreicher Erde zu finden ist.

Périgord-Trüffel

(Tuber melanosporum)

Fruchtkörper: 2–5 cm breit, kugelförmig oder buckelig, manchmal abgeflacht, von groben, unregelmäßig geformten Warzen bedeckt; schwarz mit leichtem Rotschimmer.
Gleba: fest, aber brüchig; rötlichschwarz, von feinen weißen Adern durchzogen.
Standort: diese seltene Art ist im Winter dicht unter dem Boden in kalkreicher Erde, meist in der Nähe von Eichen, zu finden, manchmal aber auch in der Nähe anderer Bäume, sehr selten in Heiden.
Wegen ihres intensiven Geruchs, ihres einzigartigen Geschmacks und ihrer Seltenheit ist die **Périgord-Trüffel** die gefragteste und wertvollste Trüffel.

Sommertrüffel

Périgord-Trüffel

119

Erläuterung der Fachbegriffe

Rad-Tintling *(s. S. 66)*

Anulus: Ring *(s. S. 10)*

Ascus (Pl.: Asci): Schlauchförmige Zelle, in der die Sporen der Schlauchpilze oder *Ascomyceten* gebildet werden; auch Sporenschlauch genannt.

Basidium (Pl.: Basidien): Keulenförmige Zelle, in der die Sporen der Ständerpilze oder *Basidiomyceten* gebildet werden.

Chlamydosporen: Mantelsporen; Zellen mit verdickten, häufig dunkel gefärbten Wänden.

Cortina: Feiner, spinnwebartiger Schleier im oberen Drittel des Stiels, z.B. bei den *Cortinarius*-Arten.

Endoperidie: Innenhaut *(siehe z.B. Erdstern, S. 110f.)*

Exoperidie: Außenhaut *(siehe z.B. Erdstern, S. 110f.)*

Gleba: Sporenbildende Innenmasse, die Fruchtmasse der Bauchpilze.

Hymenium: Die Fruchtschicht der Ständerpilze.

Hyphen: Pilzfäden, die sich zum Myzel entwickeln.

Mykorrhiza (Pl.: Mykorrhizen): griech. = Pilzwurzel; von Hyphen umwundene Baumwurzel.

Myzel: Geflecht von Hyphen, aus dem dann der Pilz wächst.

saprophytisch: von pflanzlichen Faulstoffen lebend.

septiert: mehrzellig.

Velum: Schleier (Man unterscheidet zwischen **Velum partiale** und **Velum universale**, *s. S. 10*).

Volva: Scheide.

Register

Wissenschaftliche Namen

122